Ali Schirasi · LEBT WOHL, FREUNDE

W0188118

Ali Schirasi

LEBT WOHL, FREUNDE

Stephanus Edition · Uhldingen

ISBN 3-922816-59-2

Alle Rechte bei
LITERA PRINT AG
CH-8280 KREUZLINGEN
© 1994
1. Auflage 1995

Titelgrafik: Buttgereit & Heidenreich
Büro für Kommunikationsdesign, Haltern
Satz – Stephanus Druck GmbH
Druck – Clausen & Bosse

Hergestellt für
Stephanus Edition Verlags GmbH
D-88690 Uhldingen/Bodensee

Inhalt

Vorwort 7

Jene Nacht im Gebetshaus von Ewin 10

Ein Brief aus der Frauenabteilung,
und wie er heimlich
in die Männerabteilung gelangte 18

Der 1. Mai 34

Komm, Papa, gehn wir heim 41

„Lebt wohl, Freunde" 55

Wie die Kasse
aus dem Obstladen verschwand 70

„Ich kenne ihn nicht" 84

Saids Weg zur Reue 100

Bombenangriffe 117

Vor Gericht ausgepeitscht 128

VORWORT

„Euch, die ihr den nächtlichen Sternenhimmel betrachtet, von einer Anhöhe aus dem samtenen Spiel der Wellen zuschaut, euch mit allen Poren dem frischen Frühlingsregen hingebt, strahlend die Sonne aufsteigen seht, dem harmonischen Rauschen der Bäche lauscht, mit euren Blicken dem freien Flug der Vögel folgt, euch, die ihr verliebt seid, euch allen sage ich: Auch ich liebe meine Frau, meine Kinder, den Himmel, die Sterne, das Meer, die prickelnde Feuchte des Frühlingsregens, den Sonnenaufgang, das Rauschen der freien Natur, den Flug der Vögel unter freiem Himmel... Auch ich habe es geliebt, doch Chomeini, seine Islamische Republik, wird mir jetzt die Federn ausreißen, und so bitte ich euch: Fliegt ihr an meiner Stelle, schwingt euch auf, genießt das Schöne, liebt für mich mit!"

(Die letzten Worte von Masud, meinem Mitgefangenen.)

Mit den Erinnerungen, die ich geschrieben habe und die Sie nun in der Hand halten, möchte ich das Leben im Gefängnis unter der Islamischen Republik Iran schildern. Nicht das ganze, nur einen Ausschnitt aus dem, was mehr als hunderttausend politische Gefangene erlebt haben. Und Sie wissen, daß die Islamische Republik danach trachtet, Geist und Seele des iranischen Volkes gefangenzunehmen, in einem Gefängnis von der Größe des Irans.

So darf man in meinem Heimatland nur noch heimlich lachen, im Verborgenen tanzen, muß jeder seine Freude verstecken, denn draußen auf der Straße darf man nur noch weinen und klagen und Trauer zeigen. Ein kurzer Blick in die Radio- und Fernsehprogramme, in die Presse, in die Lehrbücher und Lehrpläne der Universitäten und Sekundarschulen und – besonders tückisch – der Grundschulen, selbst ein einfacher Blick auf die Lebensweise der normalen Menschen, ihre Kleidung, ihren Gesichtsausdruck, zeigt, daß die Islamische Republik den Gürtel so eng geschnallt hat, daß der Mensch erstickt. Sie möchte aus dem Menschen eine Gebetsmaschine machen.

Und doch – in diesem Leben voller Mühe und Entbehrungen regt sich Widerstand. Denn das wirkliche Leben der Menschen im Iran ist nicht das, was man im Fernsehen der Islamischen Republik vorgesetzt bekommt, oder das, was in- und ausländische Korrespondenten – hier ein gestelltes Interview, dort ein präparierter Film – servieren, nein! Jenseits von Zensur und Kontrolle spielt sich etwas anderes ab. Während die Islamische Republik versucht, Geist und Seele eines ganzen Volkes zu fesseln, geht sie in den Gefängnissen noch einen Schritt weiter. Hier sollen die Menschen geistig und körperlich kaputtgemacht werden. Hier sollen Menschen, Männer und Frauen, die es gewagt haben, nach Freiheit zu rufen, der Islamischen Republik ihr NEIN entgegenzuschleudern, physisch oder psychisch liquidiert werden. Und solange sie es nicht schafft, die Moral der Gefangenen zu brechen, übergibt sie – ein Eingeständnis ihrer Ohnmacht – Tausende von Kämpfern für die Freiheit den Hinrichtungskommandos. Wollte man das Leben der Männer, Frauen und selbst der kleinen Kinder im Ewin-Gefängnis vollständig beschreiben, nähme das wesentlich mehr Zeit und Raum in Anspruch als der vorliegende Text. Ich habe mich im folgenden darauf beschränkt, zehn ausgewählte Erinnerungsstücke, die das Leben im Gefängnis aus zehn verschiedenen Winkeln beleuchten, vorzustellen. Sie werden es Ihnen trotz aller Kürze erlauben, mit einer Welt vertraut zu werden, zu der kein Reporter, kein Forscher je Zugang haben wird, es sei denn, er komme selbst ins Gefängnis. Das, was Sie vor sich haben, sind meine Erinnerungen, in dem Zustand belassen, wie sie mir in den Sinn gekommen sind.

Wenn ich Sie mit diesen Erinnerungen auch nur ein wenig zum Nachdenken anhalten kann, ist mir dies der schönste Lohn.

JENE NACHT IM GEBETSHAUS
VON EWIN

An jenem Spätnachmittag kam unvermutet geschäftiges Treiben unter den Reuigen auf; ständig gingen sie zum Kulturraum unserer Abteilung oder flüsterten dem Zellenführer etwas ins Ohr. Die Zellenführer waren für gewöhnlich die Extremsten unter den Reuigen. Als „Reuige" wurden die bezeichnet, die unter den Verhörmethoden zusammengebrochen waren und nun mit der Regierung zusammenarbeiteten, um so ihre „Reue" unter Beweis zu stellen.

Angesichts dieser Geschäftigkeit nahm auch das Kommen und Gehen der anderen Gefangenen zu, Jeder wollte vom andern wissen, was da vor sich ging. Der Hofgang war abgebrochen worden, die Gefangenen wurden angehalten, schneller zu essen, und sie hatten das Abendbrot noch nicht beendet, als die Stimme von Hadschi Mahdi in den Zellen ertönte und verkündete: „Heute abend alle ins Gebetshaus, alle, auch die Kranken!"

Damals – wir schreiben das Jahr 1984 – umfaßte unsere Abteilung etwa 500 Gefangene, in jeder der zwanzig Quadratmeter großen Zellen meist bis zu 37 Gefangene, die mit Gewalt hineingezwängt wurden. Nachts schliefen die Gefangenen auf dem Boden, auf der Seite liegend und wie im Bücherregal aneinandergepreßt. Wenn einer zur Toilette gehen mußte, hatte er danach die größte Mühe, wieder an seinen Platz zu kommen. Die Gefangenen durften nicht leise miteinander reden, sie mußten immer so laut sprechen, daß ein Dritter mithören konnte – Befehl von Herrn Ladschewardi, dem Gefängnisdirektor. Die Gefangenen scherten sich trotzdem nicht drum und informierten sich gegenseitig, mal laut, mal leise. über die wichtigsten Dinge verständigten sie sich mit Zeichensprache .

Als die Stimme von Hadschi Mahdi, dem Leiter unserer Gefängnisabteilung, verstummte, stellten die Gefangenen Vermutungen an, was das bedeuten solle. Es war sicher nicht zum Bußgebet, wenn sie diesen Abend ins Gebetshaus mußten; denn heute war ja nicht Freitag, an dem sich die Moslems zum Gebet versammeln. Einige äußerten die Vermutung, Ladschewardi sei abgesetzt worden und sein Nachfolger wolle eine Rede halten, andere, der Abgeordnete Hedschasi (ein Redner im Stile Goebbels) wolle eine Ansprache halten, andere wiederum, es handele sich um ein „Gespräch" mit Amu'i und Tabari (zwei Führern der kommunistischen Tude-Partei, die im Gefängnis „bereut" hatten), und wieder andere, Vize-Imam Montazeri wolle sprechen. Aber keiner wußte Genaues;erstaunlich war nur, wie rasch sich diese Spekulationen ausbreiteten.

Es war sieben, als die Tore unserer Abteilung geöffnet wurden und die Gefangenen in Reih und Glied zum Gebetshaus marschieren mußten; auch die Kranken mußten mit, die Mitgefangenen halfen ihnen dabei. Als wir eintraten, war der für die weiblichen Gefangenen abgegrenzte Teil schon voll, im Männerteil befanden sich schon die Gefangenen der anderen Abteilungen, lediglich unser Platz war noch frei. In enge Reihen eingezwängt, saßen wir da, zum Vordermann jeweils nur dreißig Zentimeter Abstand, in der hintersten Reihe die Kranken, die sich in Decken eingewickelt hatten.

Im Gebetshaus herrschte eine Stille wie im Grab und draußen finstere Nacht. Keiner gab einen Ton von sich, nur ab und zu zerriß ein Husten die Totenstille. Dann wurden die vorderen Lichter heller, einer der Reuigen unserer Abteilung ging nach vorn und begann, aus dem Koran vorzulesen. Zehn Minuten las er nun schon und verließ das an einem Tisch befestigte Mikrophon noch immer nicht, als plötzlich wiederholte Gebetsrufe der Reuigen Unruhe in den Saal brachten und inmitten dieser ohrenbetäubenden Rufe die Gestalt von Herrn Ladschewardi auftauchte. Er bestieg die Tribüne, während die Parolen und Hochrufe der Reuigen auf Ladschewardi, auf Imam Chomeini, auf den Vize-Imam Montazeri und auf den Oberrichter Beheschti nicht enden wollten: zwischen den Parolen Gebetsrufe, zwischen den Gebetsrufen Parolen über Parolen. Die Stimme Ladschewardis brachte die Reuigen zum Verstummen. Nachdem er einen Koranvers über die Lügner verlesen und ihn kommentiert hatte, verkündete Hadschi Ladschewardi:

„Heute nacht will ich islamisches Recht an einem Mann vollziehen, der gelogen hat. Heute nacht werde ich als Staatsanwalt und Vollstrecker des Urteils auftreten, das der Scharia-Richter verhängt hat." Und er gab einem Mann aus der ersten Reihe einen Wink, aufzustehen und zu ihm auf die Bühne zu kommen. Auf Hadschi Ladschewardis Anweisung stellte er sich vor, mit Namen und den wichtigsten persönlichen Daten, nannte die Organisation, zu der er gehört hatte, und berichtete, daß er zwei Jahre im Gefängnis verbracht habe, dann freigelassen und fünf Monate später von den Pasdaran (Revolutionspolizei) der Staatsanwaltschaft erneut verhaftet wurde. Es war ein junger Mann um die zwanzig, und während er sprach, zitterte seine Stimme. Er war anscheinend nicht in der Lage, richtig zu stehen, und machte den Eindruck, als ob er schwere Folterungen hinter sich habe.

Da unterbrach ihn Hadschi Ladschewardi und fragte, wieso er denn nicht erzähle, was er verbrochen habe, daß unsere Brüder von der Staatsanwaltschaft ihn verhaftet hätten. Ob er sich etwa schäme? Und Ladschewardi fuhr gleich fort, die Frage selbst zu beantworten: „Ja, dieser Gottlose – zwei Jahre war er im Gefängnis, zwei Jahre in diesen göttlichen Hallen, an dieser Hochschule des Islam, in denen er es nicht geschafft hat, sich zu läutern, seine befleckte Seele zu retten." Deshalb habe er auch, kaum daß er aus dem Gefängnis entlassen wurde, überall erzählt – in der Familie, in der Verwandtschaft, in der Nachbarschaft – , daß er im Gefängnis gefoltert worden sei. Dieser niederträchtige Kerl habe sich in der Absicht, die islamische Regierung zu verleumden und das Werk der Hochschule Gottes zunichte zumachen, mit Zigaretten eigenhändig Brandwunden auf der Brust zugefügt und sie dann herumgezeigt, damit seine Freunde und Verwandten denken sollten, er sei gefoltert worden, und sie glaubten, im Gefängnis werde gefoltert.

In diesem Moment erfüllten Rufe wie „Tod den Kommunisten", „Tod den Heuchlern und Saddam (Hussein)", „Tod für Amerika", „Tod für Israel" und „Lügner an den Galgen" den Raum des Gebetshauses. Hadschi Ladschewardi verstummte, um den Reuigen Gelegenheit zu geben, ordentlich mit Ihren Parolen einzuheizen, die zum Schluß alle in die eine einmündeten: „Tod dem Lügner! An den Galgen!" Das ging vielleicht fünf Minuten so. Schließlich unterbrach Ladschewardi die Parolen und sagte: „Würden wir diesen gottlosen Menschen wegen seiner Lügen dem islamischen Volkszorn anvertrauen, würde man ihn in Stücke zerreißen. Aber das islamische Gesetz ist voller Nachsicht und Liebe. Wäre ich kein gläubiger Anhänger der islamischen Gesetze und würde ich meinen persönlichen Gefühlen nachgeben, so würde ich ihn an die Wand stellen. Aber wir alle müssen dem islamischen Recht zur Geltung verhelfen. Der junge Mann stand heute vor einem islamischen Gericht und wurde zu zwei Jahren Gefängnis und siebzig Peitschenhieben verurteilt. Das ist die Strafe für die Lügen, die dieser Schurke verbreitet hat. Die Auspeitschung ist öffentlich zu vollstrecken."

Dies war für Ladschewardi das Stichwort, über die Auspeitschung von Verbrechern zu reden. Er erklärte, was für eine gute Tat es sei, einen gottlosen Verbrecher auszupeitschen, und daß Gott dem Auspeitschenden einen schönen Platz im Paradies bereithalten werde. Nach diesen Schilderungen und Lobpreisungen auf die Auspeitschenden im allgemeinen meldeten sich einige Anwesende im Konkreten und baten, die ersten Peitschenhiebe ausführen zu dürfen. Die weiteren Hiebe sollten den anderen Freiwilligen zustehen, damit auch sie Anteil an dieser guten Tat hätten und im Jenseits belohnt würden. Ladschewardi setzte gerade zum Reden an, als das Skandieren der Parolen wieder den Gebetsraum, erfüllte. Von den Rufen begleitet, kamen aus den ersten Reihen zehn Leute zu Ladschewardi, umringten ihn und bettelten und flehten, ebenfalls an der guten Tat teilhaben zu dürfen. Die Gefangenen sahen es mit tiefem Schweigen.

Ladschewardi, die Reuigen und einige Wärter aus verschiedenen Abteilungen stritten sich um das Auspeitschen des Zwanzigjährigen. Die Reuigen, die Wärter und Ladschewardi waren zusammen dreizehn Personen. Siebzig durch dreizehn zu teilen war wahrlich nicht einfach. Die Reuigen versuchten, manche sogar unter Tränen, einen möglichst großen Anteil für sich herauszuschlagen. Da brachten Hadschi Ladschewardis Worte sie zum Schweigen. Nach islamischem Gesetz sei es auch eine gute Tat, wenn man beim Peitschen kräftig zuschlägt. So einigten sie sich darauf, daß die, die einen geringeren Anteil hätten, kräftiger zuschlagen sollten.

Inmitten der Gebetsrufe und Parolen der Reuigen, die die Atmosphäre im Saal ganz unerträglich machten, brachten die Gefängniswärter ein Brett herein, legten es neben Hadschi Ladschewardi und banden den jungen Mann, der völlig verstört war und krank aussah, mit dem Bauch darauf fest. Zuerst wurde etwas aus dem Koran verlesen. Dann trat

Hadschi Ladschewardi mit einem schwarzen Kabel an den jungen Mann heran und bat die Reuigen und die Wärter, bei jedem Hieb laut mitzuzählen, auf daß er sich ja nicht verzähle und – Gott bewahre! – einen Schlag zuviel oder zuwenig erteile.

Gleich beim ersten Hieb schlug Hadschi Ladschewardi mit aller Kraft auf den Rücken den Mannes. Und mit dem ersten Hieb durchfuhr der Aufschrei des Opfers den Raum wie ein Schwertstreich. Jeder Schlag ein Schrei, bis Ladschewardi die ersten fünf verabreicht hatte. Dann übergab er sein Kabel einem Wärter. Und wieder fünf Hiebe, und wieder die schmerzerfüllten Schreie des jungen Mannes. Die folgenden Schläge bis dreißig übernahmen die Gefängnispasdaran. Der Mann schien vor Schmerzen wie beim ersten Mal schreien zu wollen, aber mit jedem Mal schien es mühsamer aus ihm herauszukommen.

Als der erste Reuige an die Reihe kam, bemühte sich dieser, zum Ausgleich dafür, daß er einen geringeren Anteil bekommen hatte, zuzuschlagen, so fest es seine Kräfte erlaubten. Der hysterische Prügelrausch ging auf die Reuigen über. Als sie bei fünfzig Schlägen angelangt waren, war aus dem Mund des jungen Mannes nichts mehr zu hören. Als ob sie einen Toten auspeitschten. Bei siebzig hatte das Schlagen ein Ende gefunden.

Der Gebetsraum versank in schmerzerfüllte Trauer. In der Reihe vor mir und zu beiden Seiten weinten einige ganz leise. Da hörte ich hinter mir eine leise Stimme: „Henker! Schlächter! Einmal wirst du vor dem Volk Rechenschaft ablegen!" Während sie den Mann vom Brett losbanden, hatte eine vielsagende Stille den Raum ergriffen. Alle schwiegen. Selbst die Pasdaran, die Reuigen und Ladschewardi. Alle, und das heißt über zweitausend anwesende Gefangene, während die Pasdaran den jungen Mann an den Armen packten und davonschleiften. Die Gefangenen saßen schweigend und bedrückt da, während in ihnen vielleicht ein Vulkan brodelte. Dann ließen die Wärter die Gefangenen in Reih und Glied abmarschieren, zuerst die Frauen, dann kamen wir dran, die zuletzt Gekommenen, die deshalb als erste zurück mußten.

Drinnen, in den Zellen, hatte keiner mehr Lust zu reden, alle schwiegen. Nur vielsagende Blicke trafen sich. Als die Schlafenszeit anbrach, legten sich alle hin, blutenden Herzens.

EIN BRIEF
AUS DER FRAUENABTEILUNG,
UND WIE ER HEIMLICH IN DIE
MÄNNERABTEILUNG GELANGTE

Wir waren in einer vielleicht zwanzig Quadratmeter großen Zelle untergebracht. Wir, das waren
31 bis 38 Gefangene. Unsere Zellentür war die
ganze Zeit geschlossen, nur viermal in 24 Stunden
wurde sie für jeweils zehn Minuten geöffnet. Dann
stürzten wir uns zu den Toiletten, Waschbecken und
Duschen. In der Zelle hatten wir nur religiöse
Bücher, in unserem Herzen dafür eine ganze Welt
von Geheimnissen. Jeden Morgen begann aufs
neue der Kampf zwischen uns und den Verhörenden, der sich oft bis tief in die Nacht fortsetzte,
ja für manche bis zum Morgengrauen weiterging.
Manche wurden täglich zum Verhör geholt, manche
jeden zweiten Tag oder in noch längeren Abständen. Die beiden Reuigen wurden nur noch gele-
gentlich abgeholt – nicht zum Verhör, wie sich zeigte, sondern als Informanten über Neuigkeiten aus
der Zelle. Die meisten meiner Mitgefangenen waren
Modschahedin („Kämpfer des Heiligen Krieges",
Sammelname für bewaffnete islamische Marxisten)
und noch jung, einige stammten auch aus verschiedenen linken Gruppierungen, die waren meist
schon älter. Obwohl wir ganz unterschiedliche
Überzeugungen hatten, bildeten wir eine Gemein-
schaft, nur die beiden Reuigen standen außerhalb.
Daß man aber wirklich Vertrauen zu jemand faßte
und ihm seine innersten Geheimnisse offenbarte,

war trotzdem eine Seltenheit. Es war, als säße jeder für sich in einem lecken Boot mitten in einem Sturm. Seine Geheimnisse offenbaren und untergehen war eins.

Er hatte seine Gerichtsverhandlung schon vor einem Jahr gehabt und lebenslänglich bekommen. Seine Sprache war schlicht und offen. Meist hörte er zu. Wenn er sprach, kamen ihm manchmal die Tränen. Seine Frau war ebenfalls im Gefängnis. Sie waren noch nicht lange verheiratet gewesen, als sie aus Teheran fliehen mußten. Ja, und dann gingen sie in die Falle. Trotz seiner Verurteilung wurde er wöchentlich meist drei- bis viermal zum Verhör abgeholt. Mit Wunden überdeckt kehrte er in die Zelle zurück. Ich weiß nicht warum, jedenfalls hatte er nach vier Monaten Zusammenlebens in der gleichen Zelle Zutrauen zu mir gefaßt. Damals hatte ich ein Verhör pro Tag, manchmal weniger, manchmal mehr. Wobei „Verhör" eine Beschönigung dessen ist, was sie dort mit mir anstellten. Wenn ich dann in die Zelle zurückkam, war er derjenige, der mir am meisten half. Beim Essen saß er mir gewöhnlich gegenüber, und meist gab er vor mir das Zeichen, schon satt zu sein. So ließ er mir ein paar Bissen mehr – mein Körper sei geschwächt und müsse widerstandsfähiger werden, meinte er. Fast jede Nacht vor dem Einschlafen sagte er leise zu mir: „Nun, heute sind wir am Leben geblieben, wer weiß, was morgen kommt."

Es war in der Zeit vor dem persischen Frühlings- und Neujahrsfest des Jahres 1984, als ein Wärter die Zellentüre öffnete und fragte, wieviele von uns Halunken einen Angehörigen – ob Schwester, Frau, Bruder, Vater oder Mutter – hätten, der im Gefängnis sei. Sieben hoben die Hand, auch er war darunter. Der Wärter notierte sich die Namen und begann, eine Rede zu halten: über die Wunder des Islam, über die Achtung des Islam vor allen Gefangenen, über die Barmherzigkeit des Islam zu Männern und Frauen, die sich im islamischen Gefängnis befinden. Er schloß mit der Ankündigung, daß an diesem Neujahrsfest allen, die Angehörige im Gefängnis hätten, ein Treffen mit diesen erlaubt werde. Er forderte uns alle auf, dem Islam und Imam Chomeini dafür dankbar zu sein.

Als sich die Tür wieder schloß, ging das große Gemurmel los. Die sieben lächelten glücklich. Er, mein Freund, setzte sich neben mich und fragte: „Glaubst du das? Ist es möglich, daß ich nach zwei Jahren meine Frau wiedersehen darf?" Ich meinte, die Welt sei groß, vielleicht hätten die Herren oben tatsächlich eine solche Besuchserlaubnis gegeben. Man solle nie die Hoffnung aufgeben. Vielleicht wollten die Vertreter des Vize-Imams Montazeri in der Gefängnisverwaltung auf diesem Weg den Zorn der Gefangenen ein bißchen beschwichtigen.

Von nun an zählte er jeden Tag, und so kam das vierzehntägige Neujahrsfest. Der erste Tag verging, der zweite, der dritte – nichts. Am Nachmittag des vierten Tages wurden drei gerufen, deren Frau oder Schwester auch im Gefängnis war. Wir vermuteten gleich, daß es um das angekündigte Besuchsprogramm gehe. Als sie zurückkehrten, strahlten sie vor Freude. Sie brachten eine schöne Nachricht: Jeder hatte für zehn Minuten seine Frau oder Schwester sehen dürfen, wenn auch in Gegenwart der Wärter. Sie mußten laut miteinander reden, küssen durften sie sich nicht. Nur die Hand geben durften sie sich, weil sie ja enge Verwandte waren. Am nächsten Tag warteten die übrigen die ganze Zeit gespannt darauf, daß auch sie zum Besuch aufgerufen würden – vergeblich. Am 6. und 7. Neujahrstag setzten die Verhöre wieder massiv ein, am 7. wurden mehr als 15 zum Verhör geholt. An jenem Tag saß ich in der Abteilung 209 den ganzen Tag mit verbundenen Augen und dem Kopf zur Wand vor der Tür zum Verhörraum. Ein Pasdar erlaubte mir nur ein paarmal, auf die Toilette zu gehen, während sich im Verhörzimmer ein ungleicher Kampf von grauenhaften Dimensionen entspann. Der Tag verging, und ich wurde wieder in meine Zelle zurückgebracht. Als ich in der Zelle meine Augenbinde wieder abnahm, blickten mich fast alle Zellengenossen an und meinten, diesmal sei ich anscheinend glimpflich davongekommen und habe mich etwas ausruhen können. Ich bestätigte dies mit einem Kopfnicken. Unterdessen suchten meine Augen nach ihm, alle waren da, nur er nicht. Als ich die anderen fragte, stellte sich heraus, daß er nachmittags abgeholt worden war, aber keiner konnte sagen, ob zum Verhör oder zu einem Treffen mit seiner Frau. Jenen Abend mußten wir ohne ihn mit unseren Sorgen und in dieser Enge schlafen. Ich schlief sowieso meist erst spät ein und wachte auch in der Nacht immer wieder auf. Nach vier Uhr morgens war es bei mir mit Schlafen ohnehin vorbei.

Trotzdem mußte ich die ganze Zeit liegen bleiben, denn zwischen 23 Uhr und 6 Uhr war es verboten, sich aufzusetzen. So war es kein Wunder, daß ich mir viele Sorgen machte, als er jenen Abend nicht erschien. Vielleicht hatte man ihn ins Krankenhaus bringen müssen oder sie hatten ihn mit einer Hand an einer Stelle über Kopfhöhe angekettet, damit er die ganze Zeit stehen mußte. Oder der Mann, der ihn verhörte, hatte Nachtwache und ihn dabehalten, damit es ihm nicht langweilig wurde. Nur in einem war ich mir sicher – daß sie ihn nicht verlegt hatten; denn sein Beutel lag noch da. Dies und vieles andere ging mir durch den Kopf, und ich konnte nicht einschlafen. Mit derlei Gedanken war ich beschäftigt, als plötzlich – um fünf Uhr morgens! – die Tür aufging und ein Wärter mit einem Zettel in der Hand meinen und fünf andere Namen vorlas. Er forderte uns auf, die Augenbinden anzulegen und herauszukommen. So begann ein neuer Tag, ein neuer Kampf mit den Verhörenden, und die Erinnerung an ihn verflüchtigte sich, verdrängt von eigenen Problemen; ich konzentrierte mich auf die Fragen, die der Beamte wieder stellen könnte, die Antworten, die ich zu geben hätte, ganz im Labyrinth des Wenn und Aber gefangen.

Als wir die Abteilung 209 erreichten, wurde ich unverzüglich ins Verhörzimmer gebracht, und die alte Geschichte begann wieder von vorne, die gleichen Fragen, die gleichen Antworten wie schon zuvor, und ich erhielt meine Tagesration, vielleicht dreißig Schläge. Dann mußte ich die Zeit bis zum Nachmittag mit verbundenen Augen und dem Kopf zur Wand vor dem Verhörzimmer verbringen. Als ich dann in meine Zelle gebracht wurde, war sie wieder da, die Frage, wo er wohl war, ob er schon zurück war und in der Zelle wartete, und meine eigenen Probleme schienen ganz vergessen. Doch auch an jenem Abend blieb er verschwunden und unsere Unruhe wuchs. Einige meinten, er sei vielleicht hingerichtet worden, aber die anderen verwarfen dies und jeder hatte seine Theorie. Die Zeit schlich dahin, und es wurde später elf Uhr nachts als sonst. Dann schien es überhaupt nicht Morgen werden zu wollen.

Als der Morgen kam, wurden acht oder mehr zum Verhör gebracht, ich wurde nicht aufgerufen. Einerseits war ich heilfroh, daß ich nicht zum Verhör mußte und ausruhen konnte, andererseits ließ mir der Gedanke an ihn keine Ruhe. Zur Mittagszeit brachte ihn ein Wärter, zusammen mit dem Essen. Die Freude über seine Rückkehr und der Essensgeruch breitete sich in der Zelle aus. Ein glückliches Strahlen ging über alle Gesichter. Er lächelte, aber er machte einen geschwächten Eindruck. Einer fragte ihn, wo er denn die zwei Nächte gesteckt habe, wir seien schon ganz besorgt gewesen und hätten alles mögliche vermutet. Er antwortete ruhig: „Bitter war es und süß" und setzte sich an seinen Platz. Da bemerkten alle seine dick geschwollenen Beine und wußten, was los war. Wir halfen ihm, die Kleider zu wechseln, und massierten ihn reihum, bis er sich etwas besser fühlte. Inmitten des bedrückten Schweigens der Zellengenossen meinte er: „Macht nichts. Dafür durfte ich meine Frau sehen."

Alle überstürmten ihn mit Fragen, wollten wissen, wie es ihr gehe, und beglückwünschten ihn. Er schilderte in kurzen Worten, was sich zugetragen hatte. Das Essen war inzwischen ausgeteilt, und wir begannen zu essen. Er brachte nur ein paar Bissen hinunter, dann legte er sich hin.

Nach dem Mittagessen war jeder mit sich selbst beschäftigt. Ich hatte mich ebenfalls hingelegt, als er mir zuflüsterte: „Am ersten Tag haben sie mich zuerst zum Verhör gebracht. Der Verhörende hat mir gedroht, falls ich nicht rede, könne ich das Wiedersehen mit meiner Frau vergessen. Da habe ich bei allen Heiligen geschworen, daß ich alles gesagt habe und es weiter nichts gibt. Na, und dann hat er wütend gesagt, ich soll mir die Augenbinde wieder anlegen, und warf mich raus. Ich dachte, jetzt ist es vorbei, jetzt kannst du das Treffen mit deiner Frau vergessen. Eine halbe Stunde verging, dann kam ein Wärter, fragte mich leise nach meinem Namen und nahm mich mit. Er führte mich in einen Raum und sagte dann: ‚Du kannst die Augenbinde abnehmen,‘ und wie ich mich umschaue, stehen gegenüber zwei Wärter, die miteinander reden, und der, der mich gebracht hat, geht. Die beiden Wärter fragen mich, mit wem denn mein Treffen sein soll, da bleibt mir fast die Luft weg. Also findet es doch statt! Da machte mich der eine Wärter rasch nochmals darauf aufmerksam, daß wir uns nicht küssen dürfen, daß wir laut sprechen müssen und andere Dinge, an die ich mich jetzt nicht mehr erinnere. Dann fragte er nochmals, mit wem ich ein Treffen habe, und da geht auch schon die Tür auf und eine Frau, die in einen Tschador gehüllt ist, tritt ein. Hinter ihr schließt sich die Tür. An der Größe, der Gestalt und an ihren Augen, die herausschauen, erkenne ich gleich, ja, das ist sie meine Frau! Ich renne ihr entgegen. Sie läuft ebenfalls auf mich zu, wie ich mit ausgebreiteten Armen, wobei ihr der Tschador runterfällt. Wir umarmen und drücken uns heftig. ich muß ständig lachen, und wir küssen uns auf Hände, Gesicht und Augen. Ja, und dann fragte ich sie, wie es ihr geht, ob sie gesund ist, und sie tat das gleiche. Das Geschrei der Wärter hat uns dann wieder zur Besinnung gebracht. Sie zwangen meine Frau, den Tschador wieder überzuziehen, und drohten, daß sie es den Verhörbeamten sagen würden, dann würden wir schon unsere Prügel abkriegen; sie sagten, wir dürften uns nur die Hand geben und sollten nicht leise miteinander reden. Aber wir haben weiter geredet, mal laut, mal leise. Die Zeit hat gerade gereicht, sich zu sagen, wie es einem selbst und der Familie geht, dazwischen konnten wir uns auch ein paar Sätze zuflüstern, so daß uns der Stand der Ermittlungen etwas klarer geworden ist. Ich weiß nicht, wieviel Minuten das Gespräch gedauert hat. Es ging so schnell vorbei, daß es mir vorkam, als ob es nur eine Minute gewesen wäre. Dann kamen die Wärter schon wieder mit der Aufforderung, wir sollten uns verabschieden. Unser Bitten, sie möchten noch ein paar Minuten Geduld haben, war umsonst. So nahmen wir wohl oder übel Abschied. Im letzten Moment, als wir uns noch einmal die Hände drückten, spürte ich etwas in meiner Hand. ‚Ein Brief für dich‘, flüsterte sie mir zu. ‚Ich hab' ihn geschrieben. Nimm ihn und gib acht darauf.' Mein Herz hüpfte vor Freude. Für mich war es das herrlichste Geschenk. Aber die Tatsache, daß wir uns verabschieden mußten, erfüllte meine ganze Seele mit Trauer. Weder sie noch ich brachten im letzten Moment ein Wort heraus, wir sahen uns nur an.

Zuerst mußte meine Frau die Augenbinde anlegen und gehen, ein paar Minuten später wurde ich auch abgeholt. Wieder gings zum Verhör. Aber zuvor, als ich die Augenbinde aus der Tasche holte, gelang es mir noch, den Brief, den meine Frau so klein wie möglich zusammengefaltet hatte, in die Tasche zu stecken. Ich mußte lange vor der Tür zum Verhörraum warten. Dann brachten sie mich rein, und die verdammte Fragerei ging schon wieder los. Ab und zu schlug mich der Beamte mit der Faust, dann wieder eine Ohrfeige und Drohungen, bis sie mich schließlich in den Keller brachten. Dort haben sie mich mit einer Hand an einer sehr hohen Latte festgebunden, so daß der Arm ganz gestreckt war und ich mich kein bißchen mehr bücken konnte.

Gestern nacht, den gestrigen Tag und heute nacht bis um 9 Uhr morgens war ich angebunden, an einem Arm aufgehängt. Ich konnte überhaupt nicht mehr stehen danach. Nur Schmerzen hatte ich, von oben bis unten hat mir alles wehgetan. Danach haben sie mich wieder zum Verhörraum gebracht, ließen mich einige Zeit vor der Tür warten, und dann haben sie mich zurück in die Zelle gebracht." An dieser Stelle meinte er: „Was meinst du, wie sollen wir es anstellen, daß wir den Brief lesen können? Die zwei Reuigen hier in der Zelle sind genau vier neugierige Augen zuviel. Hast du einen Vorschlag?" Ich sagte, daß wir in diesem Raum keine Sicherheit hätten. Der einzige Ort, an dem man allein sein könne, sei die Toilette. Da leuchteten seine Augen auf. „Genau das tun wir", pflichtete er bei. „Ich nehme ihn mit zur Toilette und lese ihn dort." Wir machten aus, daß wir uns in der Schlange vor der Toilette hintereinander aufstellen. Ich sollte dann vor der Toilettentür warten, bis er wieder herauskam, damit er etwas mehr Zeit zum Lesen hätte. Als es dunkel wurde, durften wir zur Toilette. Das reichte, um die Hälfte einer Seite zu lesen, weil die Schrift so winzig war. Vor dem Schlafengehen durften wir nochmals zur Toilette, wo er die andere Hälfte der Seite las. Am nächsten Tag wiederholte sich das gleiche noch zweimal, bis er den ganzen Brief gelesen hatte. Aber weil er den Brief nicht nur einmal lesen wollte, dauerte es weitere drei Tage, bis er ihn zum zweiten Mal durch hatte.

Das Leben in der Zelle ging weiter, ein Verhör folgte dem andern. Jedesmal, wenn er einen Abschnitt gelesen hatte, erzählte er mir etwas davon. Außerdem bestand er darauf, daß ich den Brief auch lesen sollte. Nach fünf Tagen war ich an der Reihe, nun stand ich in der Toilettenwarteschlange vor ihm. Für mich war jedoch das Lesen dieser winzigen Schrift äußerst mühsam, weshalb es bei mir acht Tage dauerte, bis ich den Brief gelesen hatte. Ich versuchte, mir die Teile des Briefes, die mir im Gedächtnis geblieben waren, einzuprägen, damit ich sie eines Tages vielleicht zu Papier bringen

könnte. Ja, das, was nun folgt, hat also die Flucht
aus Chomeinis Gefängnis geschafft.

„Mein Liebster!

Ich möchte Dir sagen, daß Du nicht nur dort, in
Deiner Zelle, sondern auch hier in meinem Herzen
bist. Ich lebe mit Dir, ich teile alles mit Dir, mit Dir
gehe ich zum Verhör, werde gefoltert, werde krank
und ins Krankenhaus gebracht, ich begleite Dich
beim Hofgang, und nachts, wenn sich Schweigen
über unsere Zelle legt, spüre ich Dich mit meinem
ganzen Sein in mir. Du lebst in meinem Herzen, Du
bist meine Macht und meine Stärke. Wenn ich Dein
Gesicht vor meinen Augen sehe, klingen mir Deine kostbaren Worte über das Kämpfen, das Strömen
des Lebens, die Liebe zum Volk, die wahre Freiheit
und über das Symbol der Kerze, die verbrennt, um
die Dunkelheit zu vertreiben, wie Musik in den Ohren. Immer, wenn ich zum Verhör komme, schimp-
fen und fluchen die Verhörer über Dich und werden
ganz wütend. Dann spüre ich, daß sie vor Dir ka-
pitulieren mußten, daß Du erhobenen Hauptes aus
dem Kampf hervorgegangen bist. Dieses Gefühl
gibt mir Leben und Kraft.

Ich will Dir auch kurz berichten, daß die Gefangenen in unserer Abteilung sich heimlich organisiert haben, um dem Gefängniskampf Form zu geben. Doch die neuen und völlig unbekannten
Gesichter, die überhand nehmenden Kontakte zwischen den Gefangenen und die äußerst radikalen

Vorschläge – dies alles machte mich stutzig und ließ mich zögern. So beteiligte ich mich nicht an der Sache. Vor zwei Wochen kam heraus, daß das Ganze von der Staatsanwaltschaft und vom Gefängnisdirektor Ladschewardi eingefädelt worden war und Ladschewardi persönlich diese Organisation ins Leben gerufen hatte, um die Gefangenen, die ihrer Überzeugung treu geblieben sind, in eine Falle zu locken. Siebzehn aus unserer Abteilung wurden wegen ihrer Mitgliedschaft in der „geheimen" Gefangenenorganisation erneut vor Gericht gestellt. Elf von ihnen wurden hingerichtet. Einige der Hingerichteten hatten ihre Haftzeit schon abgesessen und hätten eigentlich freigelassen werden sollen. Alle elf hatten ursprünglich Haftstrafen von unter sechs Jahren. Die übrigen sechs wurden aus unserer Abteilung geholt, und bis jetzt weiß ich nicht, was mit ihnen passiert ist. Ich versichere Dir aber, daß sie unerschrockene und standfeste Menschen sind und nicht mit der Regierung zusammenarbeiten.

Ich bitte Dich auf alle Fälle, alle in Deiner Umgebung – die Reuigen natürlich ausgenommen – auf die Gefahr aufmerksam zu machen, so wie Du es für richtig hältst.

Mein Liebster, vielleicht macht Dich das, was ich geschrieben habe, traurig, aber ich fühle, daß ich es Dir schreiben mußte.

Letzte Woche mußten sich die Gefangenen unserer Abteilung mehrere Male im Gang versammeln, wo uns von den Vorzügen und Segnungen des Krieges gepredigt wurde. Auch wir sollten den Soldaten an der Front helfen. Und zwar sollten wir das

Geld, das wir von unseren Familien bekommen haben, für die Frontsoldaten spenden, und jede, die einen goldenen Ehering besaß, sollte ihn für die Front hergeben. Vor drei Tagen kamen welche in unsere Zelle und wollten das Geld einsammeln. Die Reuigen gaben als erste und begannen, Parolen zu rufen, um sich einzuschmeicheln. Einige andere gaben zwar auch Geld, aber sehr viele hatten nichts oder wollten nichts geben. Die Wärterinnen ließen nicht locker und drohten. Wir sollten unbedingt die Eheringe abgeben. Nur fünf von uns trugen welche. Eine Reuige gab ihn her, der Rest blieb hart. Die Leiterin unserer Abteilung wandte sich daraufhin einer Gefangenen zu und verlangte ihren Hochzeitsring. Jene versuchte, die Leiterin zu überzeugen, daß das nicht angehe, aber das Ergebnis war nur, daß die Leiterin wütend wurde und anfing, die Frau zu beleidigen. Da fuhr die Gefangene aus der Haut und sagte, was sie nicht hätte sagen sollen: Sie fing bei Chomeini an und endete bei eben jener Leiterin. Sie schrie die Pasdarin an. Die ganze Abteilung war auf einmal ruhig geworden. Die Gefangenen aus den anderen Zellen durften nicht zu uns rein. Ein paar Minuten später, nachdem die Wärterinnen unsere Zelle verlassen hatten, wurde sie gerufen und mit ihren Siebensachen fortgebracht. Alle sagen, daß sie bestimmt hingerichtet wird. Die Abteilung ist ganz aufgewühlt, einige haben Angst, andere sind mutiger geworden. Ich selbst hatte sowieso keinen Ring, den hatten sie mir gleich, als ich nach Ewin kam, zusammen mit meinen Schuhen abgenommen. Ich weiß nicht, was damit passiert ist.

Jedenfalls hätte ich ihn auch nicht hergegeben, das garantiere ich. Aber ich hätte mich auch nicht aus der Fassung bringen lassen, um ihnen keinen Vorwand zu liefern.

Mein Liebster, stell Dir vor, ich hab jetzt ein Kind. Ich kann Dir allerdings nur kurz in ein paar Zeilen schreiben, was das Schicksal dieses zweijährigen Kindes ist, das zu mir Mama sagt. Die Mutter war 24 Jahre alt, sie wurde vor zweieinhalb Jahren verhaftet. Nach sechs Monaten Haft brachte sie ein Kind zur Welt. Als die Mutter mit dem Kind in unsere Zelle gebracht wurde, war das Kind drei Monate alt. Die Geschichte ihrer Verhöre während der Schwangerschaft und danach ist geradezu unglaublich. In der Zeit, in der sie bei uns war, wurde sie etwa fünfmal pro Woche zum Verhör geholt. Wenn sie zurückkam, hatte sie am ganzen Körper blaue Flecken und Quetschungen. Während sie weg war, kümmerten wir anderen in der Zelle uns um das Kind. Du kannst Dir vorstellen, was das für ein Leben war für die Mutter und das Kind, und wie sehr auch wir anderen mit ihnen litten. Ich freute mich sehr, als die anderen meinten, daß vor allem ich mich um das Kind kümmern solle. Seltsam war, daß die Mutter bis zum letzten Moment an ihrem Decknamen festhielt und keinem ihren richtigen Namen verriet. Der Vater des Kindes war auf der Flucht. Vor einem Monat wurde die Mutter hingerichtet, und uns war alle Lust vergangen. Das Kind vermißte seine Mutter, es weinte und schrie und war nicht zu beruhigen. Aber nach und nach beruhigte es sich und fing an, mich Mama zu nennen, und inzwischen fühle ich mich auch wie eine Mama. Aber die anderen sagen, daß man es bald aus der Zelle holen wird, wer weiß, wohin.

Mein Liebster, in unserer Abteilung bekommen wir einmal im Monat oder alle zwei Monate Papier und Kugelschreiber in die Zellen, damit wir einen Brief an unsere Familie schreiben können. Bei Euch ist es wohl genauso. Das Blatt Papier hat acht Zeilen, sechs davon für den eigentlichen Brief, freilich nur für fromme Wünsche, Grüße und harmlose Fragen nach dem Befinden, denn wenn ihnen auch nur ein Wort nicht paßt, wird der Brief nicht abgeschickt. Seit neuestem wird man auch verhört, wieso man dies oder jenes geschrieben habe. In der siebten Zeile müssen wir unsere Personalien eintragen, in der achten Zeile die Adresse des Empfängers. Auf der Rückseite befinden sich ebenfalls acht Zeilen, damit der Empfänger darauf seine Antwort schreiben kann. Das Blatt Papier und den Kugelschreiber dürfen wir eine Viertelstunde benutzen, und die Reuigen und die Wärterinnen passen auf wie die Luchse, daß wir damit auch ja nichts anderes schreiben. Dann sammeln sie alles wieder ein. Sicher wunderst Du Dich jetzt, wie ich unter diesen Umständen an Papier und Kugelschreiber gekommen bin. Wer sucht, der findet. Eine von den Reuigen aus unserer Zelle, die so gemein war, daß wir uns nicht mehr zu helfen wußten, und die operiert werden mußte, ich weiß nicht, was sie hatte, durfte einen Kuli und ein Heft bei sich in der Zelle behalten. An dem Tag, als die Leiterin unserer Abteilung in unsere Zelle kam und sagte, daß wir vielleicht zu den Neujahrsfeiertagen Verwandte ersten Grades, die auch im Gefängnis sind, treffen dürften, dachte ich, daß ich Dir vielleicht etwas schreiben könnte. Zum Glück war jene Reuige für einige Tage zur Operation im Krankenhaus, so daß ich ein Blatt aus dem Heft ausreißen und den Kuli ausleihen konnte. Wann und wie ich Dir diesen Brief schreiben konnte, ist eine eigene Geschichte, die ich Dir ein andermal erzählen will. Ich hoffe nur, daß wir uns auch wirklich sehen dürfen und ich Dir den Brief übergeben kann.

Mein Liebster, jetzt hab ich keinen Platz mehr zum Schreiben. Du warst mein Lehrer. Ich hoffe, daß Du Deine aufrechte Haltung bewahren kannst. Eins bitte ich Dich: Wenn Du von Deiner Mutter Besuch bekommst, bestell ihr meine Grüße und sag ihr, daß ich sie und die ganze Familie grenzenlos liebe."

Mit diesen Worten endete der Brief. Nachdem er ihn gelesen hatte, war er manchmal tief in Gedanken versunken. Auch mir ging es nicht anders, als ich den Brief gelesen hatte. Manchmal sah ich mich in Gedanken in der Frauenzelle. Die Zellentür geht auf, und die Mutter kommt vom Verhör zurück, mit geschundenen Füßen, geschundenem Leib, das Kind läuft auf sie zu, hängt sich an sie und will Milch. Noch heute, da ich nicht mehr im Gefängnis bin, taucht dieses Bild in mir auf und zieht mich hinunter.

DER 1. MAI

Die Abteilung umfaßte zwölf Zellen; eine davon war zum „Kulturraum" umfunktioniert worden, in den restlichen elf traten sich die Gefangenen auf die Füße. Es handelte sich um eine „offene" Abteilung, d.h. die Gefangenen konnten auch die Zelle verlassen und sich auf dem Flur bewegen. Zwei Stunden am Tag hatten die Gefangenen Hofgang. Die Gefangenen der verschiedenen Zellen durften zwar gemeinsam den Flur auf und ab gehen, es war jedoch nicht erlaubt, sich gegenseitig in den Zellen zu besuchen. Jeder mußte auch das Essen in seiner Zelle einnehmen. Morgens und nachmittags hatten die Gefangenen programmgemäß zu festgesetzten Zeiten im Flur Platz zu nehmen und den Reden eines Geistlichen aus Kom, der auch den Kulturraum verwaltete, zu lauschen. Die Reden, die er von sich gab, priesen die Qualitäten der Partei Chomeinis und Montazeris sowie der Islamischen Republik, es fehlte jedoch auch nicht an Verwünschungen und Beschimpfungen ihrer Gegner, namentlich der Linken und der Modschahedin. Die 450 Gefangenen der Abteilung wurden von den Pasdaran und den „Reuigen" unter Kontrolle gehalten. Die Verantwortlichen für das Essen, für die Toiletten, das Bad, den Hofgang und für die Sauberkeit wurden aus den Reihen der Reuigen bestimmt. Die Arbeit wurde dann von den Gefangenen ausgeführt, die Wärter und die Reuigen kommandierten nur. Im Kulturraum wurden die Reuigen instruiert, wie sie die Gefangenen zu überwachen hätten. Beim Essen, beim

Toilettenanstehen, beim Hofgang – ständig spitzten die Reuigen die Ohren, um mitzubekommen, worüber wir sprachen, überall kontrollierten sie unsere Bewegungen.

In der Abteilung gab es zwei Gruppen von Reuigen, die einen agierten offen, die anderen getarnt. Ihre psychische Labilität, das hysterische Weinen beim Beten und sonstige auffällige Verhaltensweisen, die den offenen wie den heimlichen Reuigen gemeinsam waren, erlaubten jedoch mit großer Sicherheit, auch die heimlichen herauszufinden. Das ganze Gefängnissystem, die Kulturabteilung und die Reuigen hatten nur eins zum Ziel: die Gefangenen aus dem seelischen Gleichgewicht zu bringen, sie zu zermürben, in der Hoffnung, sie brechen zu können. Jeglicher Widerstand, jeglicher Protest wurde auf der Stelle mit aller Härte unterdrückt. Es reichte schon, wenn zwei Gefangene aus derselben Zelle sich ein paarmal beim Essen gegenübersaßen und gemeinsam aßen, oder wenn sie auf dem Flur oder beim Hofgang zusammen gingen, und gleich hieß es: ab in den Kulturraum, zum Verhör, und oft genug bedeutete das auch Peitschenhiebe.

Und trotzdem, trotz aller Unterdrückung, versuchten die Gefangenen Wege zu finden, um sich zu behaupten. So redeten sie mit den Reuigen nur, soweit es unumgänglich war, setzten sich beim Essen nie mit ihnen zusammen, versuchten, in der Zelle zu bleiben, wenn der Geistliche aus Kom seine Reden hielt, mit der Begründung, auf dem Flur sei nicht genug Platz. Wenn der Geistliche sprach, senkten die meisten den Kopf und schauten ihn überhaupt nicht an. Desgleichen taten sie auch, wenn der Abteilungsleiter oder Ladschewardi, der Gefängnisdirektor, eine Rede halten wollten. Wenn sie zum Verhör gerufen wurden, zogen sie sich extra langsam an und gingen so langsam wie möglich. Das brachte die Wärter, Gefängnisleiter und Reuigen jedes Mal in Rage: Sie fluchten und schimpften und ließen ihre Wut bisweilen in Form von Peitschenhieben an den Gefangenen aus.

Eines Tages ging ich während des Hofgangs neben einem Gefangenen aus einer anderen Zelle, als dieser mich flüsternd fragte, ob ich auch saubere Kleidung habe, die ich anziehen könnte, wenn es darauf ankäme. Ich meinte, das komme darauf an, was er mit sauberer Kleidung meine. „Nun, eine Hose, ein Hemd, und Unterwäsche, zum Beispiel." „Habe ich", sagte ich. „Dann sag den anderen, zu denen du Vertrauen hast, sie sollen bis in zwei Wochen ihre Sachen waschen, falls sie keine saubere Wäsche haben." „Wieso?" fragte ich, „zu welchem Zweck?" „In zwei Wochen", erwiderte er, " ist der 1. Mai (11. Ordibehescht), der Internationale Tag der Arbeiter. Den wollen wir feiern." „Aber wie ist das denn möglich, unter solchen Umständen?" fragte ich. „Beim Besuch haben einige von ihren Angehörigen zugesteckt gekriegt, daß die Gefangenen in anderen Abteilungen beschlossen haben, den 1. Mai einfach dadurch zu feiern, daß jeder ein sauberes Hemd und eine saubere Hose anzieht und sich auch sonst zurechtmacht. Außerdem soll jeder ein Stückchen Zucker aufheben und es am 1.Mai in einem Glas Wasser auflösen und trinken." (Adü: ein typischer Brauch auf iranischen Festen)

Ich fand das eine fabelhafte Idee. Auch in unserer Abteilung sollte sich jeder, der wollte, dieser Aktion anschließen. Schnell verbreitete sich die Nachricht über Vertrauenspersonen in allen Zellen. Am folgenden Tag begann das Wäschewaschen zuzunehmen, aber nicht so sehr, daß es auffiel. Die Gefangenen hatten die Waschordnung so abgestimmt, daß jeder, der Interesse hatte, die Gelegenheit bekam, bis zum 1. Mai seine Kleider zu waschen. Die Kranken konnten sich die Kleidung von gesunden Mitgefangenen waschen lassen. Wenn die Gefangenen in dieser Zeit jemanden beim Wäschewaschen sahen, speziell wenn es Hemden oder Hosen waren, glitt ein Lächeln über ihre Lippen und sie grüßten ihn freundlich. Der Vorschlag mit dem Zuckergetränk mußte wieder gestrichen werden – es fehlten die Möglichkeiten.

In der Nacht zum 1. Mai waren alle ganz aufgeregt. Am Morgen zogen wir noch vor dem Frühstück frische Kleidung an. Es wurden kaum Worte gewechselt, aber die heiteren, frohen Blicke sprachen für sich. In unserer Zelle waren wir zu dem Zeitpunkt 38, vier davon waren Reuige, die nicht eingeweiht waren, fünf weitere wollten nicht mitmachen, und zwei, zu denen wir kein Vertrauen hatten, hatten es ebenfalls nicht erfahren. Zwei schließlich waren zum Verhör geholt worden, so daß sich zum Frühstück 25 Gefangene mit gewaschenen Hemden und Hosen einfanden. Nach dem Frühstück begannen die Gefangenen, im Flur unserer Abteilung auf und ab zu spazieren. Eine zahlreiche Gruppe, die von einem Ende zum andern ging und wieder umdrehte, sich fröhliche Blicke zuwerfend. Einige Raucher klopften an die Zellentüren der Nachbarn und baten um Feuer, ein guter Vorwand, um gemeinsam zu rauchen. Auf dem Flur fand gleichsam eine schweigende Demonstration statt: über 250 Gefangene hatten saubere, ordentliche Kleidung angezogen, ein, zwei Minuten lang gingen sie in Zweierreihen geordnet hintereinander, zum einen Ende des Korridors und wieder zurück, zur Tür, die unsere Abteilung abschloß. Das fiel auf, und einige Gefangene, von dieser Demonstration in Zweierreihen erschreckt, zogen sich in die Zellen zurück. Die übrigen lösten die geschlossene Ordnung wieder auf, um nicht noch mehr aufzufallen. Es schien, als hätten die Wärter nichts gemerkt, sie standen vor der Abteilungstür und unterhielten sich miteinander. Die Reuigen in unserer Zelle sagten nichts, aber man konnte die Überraschung von ihren Gesichtern lesen. Nach und nach riefen sich die Reuigen aus verschiedenen Zellen gegenseitig und flüsterten einander etwas ins Ohr.

Um halb neun begann das anstaltsinterne Fernsehprogramm. Alle Gefangenen mußten dann in der Zelle sein und fernsehen, ohne Ausnahme. Auf dem Programm stand eine Rede von Ayatollah Montazeri, die er früher einmal gehalten hatte. Die Reuigen paßten in jeder Zelle auf, ob auch jeder zuschaute, sonst erstatteten sie Meldung und den Betreffenden erwarteten Verhör und Peitschenhiebe. Die Wärter gingen im Flur auf und ab und schauten ständig rein. Um halb elf wurden die Gefangenen vom Fernsehprogramm erlöst und hatten eine halbe Stunde Toilettenpause. Dann stand die Rede des Geistlichen aus Kom bevor. In jener halben Stunde Pause war das Kulturzimmer voll von Reuigen, ständig kamen und gingen welche. Wir wußten nicht, was da lief und was sie dem Geistlichen aus Kom, Hadsch Asgomi, erzählt hatten, daß er mehrmals wütend auf den Flur stürzte und in die verschiedenen Zellen schaute, wo er einige Reuige nochmals aufrief und ins Kulturzimmer holte.

Um 11 Uhr mußten sich die Gefangenen im Flur hinsetzen. keiner durfte in der Zelle bleiben. An jeder Zellentür standen zwei Reuige, damit keiner unter einem Vorwand unerlaubt in die Zelle entwischte, solange der Geistliche redete. Als Hadsch Asgomi aus dem Kulturzimmer kam, brachen die Reuigen in Segensrufe auf ihn aus und skandierten Parolen. Hadsch Asgomi ließ sich auf einem Stuhl nieder, den man für ihn herbeigeholt hatte. Die Gefangenen saßen auf dem Boden. Die Reuigen standen an den Zellentüren oder lehnten sich an die Wand. Hadsch Asgomi hub an, einen Koranvers vorzulesen und zu kommentieren. Er legte den Vers so aus, daß zur Bewahrung der Gesundheit einer Gesellschaft diejenigen, die unverbesserlich sind, ausgetilgt werden müßten.

Er sprach: „Euch zum Beispiel kann man nicht in die Gesellschaft entlassen, ihr seid krank, vergiftet. Eure Gedanken sind wie tödliches Gift. Wenn wir euch mit solchen Ideen auf die Gesellschaft losließen, würdet ihr alle Menschen anstecken und vergiften. Dies hier ist kein Gefängnis, dies ist in Wahrheit ein Krankenhaus, in dem wir euch behandeln müssen. Aber viele von euch sind überhaupt nicht gewillt, sich heilen zu lassen, ja, viele von euch führen die Kranken, die geheilt werden möchten, auf Abwege."

Je länger Hadsch Asgomi sprach, desto mehr kam er in Fahrt, bis er schließlich ganz außer sich vom Stuhl aufsprang und stehend weitersprach. Diesmal beendete er seine Rede viel früher als sonst und verschwand wieder im Kulturzimmer.

Wir waren dabei, uns fürs Mittagessen fertig zu machen, als aus jeder Zelle ein, zwei Personen ins Kulturzimmer gerufen wurden. Nach ein paar Minuten erfuhren wir, daß sie einzeln gefragt worden waren, wieso sie neue oder saubere Kleidung angezogen hätten. Am Nachmittag wurde eine größere Zahl ins Kulturzimmer geholt und befragt. Den Fragern ging es vor allem darum zu erfahren, wer das mit der Wäsche organisiert hatte, aber die Gefangenen gaben jeder eine andere Erklärung. Einer sagte, er habe nichts anderes zum Anziehen, ein anderer, er habe seine anderen Kleider gewaschen und sie seien noch naß, usw. Aber alle Gefangenen waren überzeugt, daß die Sache so einfach nicht erledigt war, und sie irrten sich nicht.

Am Morgen des folgenden Tages setzten nämlich umfangreiche Verhöre ein, Tag für Tag wurden aus jeder Zelle einige Gefangene zum Verhör auf Abteilung 209 oder 5 gebracht und kehrten alle ausgepeitscht zurück. Nach einer Woche wurden einige aus der Abteilung fortverlegt, darunter auch ich. Ich jedenfalls war zwei Monate in Einzelhaft, weil ich am 1. Mai saubere Kleider angezogen hatte.

KOMM, PAPA, GEHN WIR HEIM

Es war an einem Sonntag, etwa um neun Uhr morgens. Ein Mitgefangener, der sich aufs Rasieren und Frisieren verstand, faltete mehrere Decken ordentlich zusammen und stapelte sie aufeinander, damit die „Kundschaft" darauf Platz nehmen könne. Er selbst setzte sich mehrmals drauf, um die Höhe auszuprobieren, dann ließ er einige andere Gefangene darauf sitzen, um zu sehen, ob die Decken ausreichten. Einige witzelten und meinten, er solle ihnen auch einen guten Schnitt machen, am nächsten Tag sei schließlich Besuchstag. Er blieb keinem eine Antwort schuldig, während er aus seinem Beutel ein Frisiergerät und einen Kamm hervorkramte und das Gerät zu reinigen begann. Sobald einer den Kamm oder das Frisiergerät anfassen wollte, fuhr er energisch dazwischen und sagte: „Hundertmal habe ich geschrieben, hundertmal um Erlaubnis gebeten, daß das Gefängnis meinen Angehörigen erlaubt, mir einen Frisierapparat zu bringen. Ein elektrischer kam nicht in Frage, abgelehnt, aber selbst bei diesem Handapparat und dem Kamm dazu brauchte es fünf Monate, bis ich sie endlich hatte. Wenn das Gerät kaputtgeht, kann es lange dauern, bis ich wieder eins kriege."

Als er den Apparat soweit hatte, wurde beschlossen, daß zuerst diejenigen rasiert werden und die Haare geschnitten bekommen sollten, die zum ersten Mal Besuch bekamen, d.h. die während ihres gesamten bisherigen Gefängnisaufenthalts nie Besuch empfangen durften. Sie sollten zuerst dran-

kommen, damit sie noch mit frischer Energie ge-
schoren würden und damit, falls die Zeit nicht für
alle reichen sollte, zumindest diese Gruppe fertig
würde. Zum Frisieren waren eineinhalb Stunden
vormittags und nochmal eineinhalb Stunden nachmittags angesetzt. Von den 34 Zelleninsassen waren jedoch sieben beim Verhör, sechs wurden in aller Eile rasiert und frisiert, für die übrigen reichte
es nur zur Rasur im Schnellverfahren. Als schließlich die Hand des Friseurs erlahmte, gab er das
Gerät einem frischgebackenen Lehrling, der beim
Bartschneiden gehörig rupfte, so daß einem Gefangenen gar die Tränen in die Augen traten.

An jenem Tag herrschte eine fröhliche Stimmung,
und lebhafte Gespräche erfüllten die Zelle. Diejenigen, die in den Vormonaten Besuch empfangen
durften, schilderten den anderen den Verlauf. Diejenigen, die ihre kleinen Kinder ohne Trennscheibe sehen durften, redeten mit der größten Freude
darüber, wie sie ihr Kind umarmt, wie sie es geküßt
hatten, was für Fragen ihre Kinder gestellt und was
sie darauf geantwortet hatten, und ein Gefangener
berichtete, daß er zwei Jahre und vier Monate lang
überhaupt nicht besucht werden durfte, und als ihn
seine Frau mit dem dreijährigen Kind zum ersten
Mal besuchte, erkannte ihn das Kind überhaupt
nicht und hatte Angst vor ihm wie vor einem
Fremden. So lebhaft schilderten die Gefangenen die
Besuche, so bildhaft wußten sie zu erzählen, daß
man meinen konnte, sie erlebten es in diesem Moment nochmal. Und aus allen Gesichtern strahlte
Freude.

So verging der Sonntag. Als am Montagmorgen unsere Zelle an die Reihe kam und die Gefangenen zu den Waschbecken und Toiletten durften, beeilten sich alle, möglichst schnell da zu sein und sich Gesicht und Haare gründlich mit Seife zu waschen. Nach dem Frühstück zogen sich alle ordentliche Kleidung an und warteten darauf, zum Besuch gerufen zu werden.

Ich gehörte zu denen, die zum ersten Mal Besuch bekamen. Eine unbeschreibliche Aufregung hatte mich erfaßt. Ich wußte nicht, wer zu Besuch kommen würde. Meine Frau? Meine Kinder? Mein Vater? Oder alle zusammen? Manchmal hörte ich den Gesprächen der anderen zu, dann wieder nahm ich sie überhaupt nicht wahr. Ich war in einer anderen Welt, dachte darüber nach, was ich sagen und fragen wollte, wenn meine Frau käme, was, wenn mein Vater käme, was ich tun würde, wenn ich meinen vierjährigen Sohn ohne Trennscheibe sehen dürfte. Nur allzu gern hätte ich von meiner Frau oder meinem Vater erfahren, wie es draußen stand, wie es meinen Freunden und Bekannten ging, und ich sann darüber nach, wie ich ihnen – und sei es noch so kurz – mitteilen könnte, worum sich die Verhöre drehten. In solche Gedanken war ich versunken, als die Zellentür aufging. Ein Wärter, der einen Zettel in der Hand hielt, trat herein, las fünf Namen vor und forderte die Genannten auf: „Augenbinde anlegen und fertigmachen für den Besuch!" Er lehnte die Zellentür an und ging. Ein paar Minuten später kam er wieder. Er ließ die fünf Aufgerufenen, die mit angelegter Augenbinde fertig vor der Tür standen, in Reih und Glied antreten , prüfte ihre Augenbinden, ob sie auch ja nichts sehen konnten, und zog dann mit ihnen ab. Ein anderer Wärter schloß die Tür sofort wieder. In der Zelle herrschte Aufregung. Einige redeten laut vor sich hin, andere gingen ungeachtet der Enge hastig hin und her, wieder andere waren in ihre eigene Welt versunken. Man spürte, daß praktisch jeder in Gedanken mit seiner Familie sprach, so als wäre er nicht in der Zelle, sondern im Besuchsraum. Nur ihre Körper waren noch da, ihr Geist, ihre Gedanken waren ausgeflogen, auf Besuch, bei ihrer Familie.

Eine Stunde später kamen die fünf vom Besuch zurück. Ihre Augen glänzten vor Freude, sie strahlten ein Glücksgefühl aus, das die ganze Zelle erfaßte. Ganz von selbst teilte sich die Zelle in fünf Grüppchen, deren Mittelpunkt einer der fünf Glücklichen bildete, umringt von wißbegierigen Fragern, die hören wollten, wie der Besuch verlaufen war, wie die Lage „draußen" war. Die Besuchten erzählten aufgeregt; diejenigen, die noch auf ihren Besuch warteten, lauschten um so gespannter.

Da ging die Zellentür erneut auf. Ein Wärter, der einen Zettel in der Hand hielt, begann die Namen abzulesen, drei Namen. Auch ich war darunter. Ich stand auf, nahm meine Augenbinde und ging zur Zellentür, wo ich auf die anderen wartete. Dann sah und hörte ich nichts mehr. Ich hatte nur noch das Gesicht meiner Frau, meiner Kinder, meines Vaters vor Augen, hörte ihre Stimmen, wie sie gleichzeitig mit mir redeten und mich fragten, während ich möglichst schnell darauf antwortete. Da holte mich die Stimme des Wärters in die Wirklichkeit zurück, und ich merkte, daß ich noch in der Zelle stand.

„Legt eure Augenbinden an!" befahl er. „Jeder legt die Hand auf die Schulter seines Vordermanns und los geht's!" So verließen wir den Korridor unserer Abteilung. Im Eingangsbereich ließen sie uns zehn Minuten in Reihe stehen. Dann kamen wir ins Freie. Ich konnte überhaupt nichts sehen, ich hörte nur die Stimmen der Wärter, das Kommen und Gehen der Leute, denn meine Augen waren ja verbunden. Dann mußten wir alle in ein Fahrzeug einsteigen. Als es losfuhr, erkannte ich am Motorengeräusch, daß es sich um einen Minibus handelte. Nach ein paar Minuten mußten wir wieder aussteigen. Wieder mußten wir uns der Reihe nach aufstellen. Ein paar Schritte, und wir erreichten eine Treppe. Wir stiegen die Treppe hinauf, zehn bis zwölf Stufen, dann blieb ich stehen, weil mein Vordermann anhielt, ich spürte, wie alle vor und hinter mir stoppten. Zehn Minuten lang standen wir da in völligem Schweigen. Dann hörte ich einen Wärter befehlen: „Nehmt die Augenbinden ab und schaut auf eure Füße! Jeder geht in die Besucherkabine, deren Nummer wir ihm zuweisen. Und wehe, es schaut einer nach rechts oder links. Wenn die Familienangehörigen 'reinkommen, dürft ihr nur mit ihnen reden."

Als er geendet hatte, gingen meine Vordermänner weiter. Wir stiegen noch ein paar Stufen hinauf, bis wir in den Besucherraum kamen. Links war ein Tisch, daneben standen ein paar Wärter. Jedem nannten sie eine Nummer. Auch ich bekam eine.

Der Besucherraum war rechts mit einer gläsernen Trennwand und links mit einem langen Vorhang der Länge nach in drei Teile aufgeteilt. Die Gefangenen konnten mit ihren Angehörigen auf der anderen Seite der Glaswand über Telephon reden.

Ich suchte meine Nummer auf und stand wartend da. Eine große innere Unruhe hatte mich ergriffen. Die Sekunden verstrichen langsam. Jenseits der Trennscheibe konnte man bis ans Ende des Raums sehen. Ich bemerkte dort ein schmales Türchen und dachte gerade darüber nach, von wo wohl die Besucher hereinkämen, als sich die kleine Tür öffnete. Zwei Kinder liefen voraus, dann folgten die Erwachsenen, einige mit Kindern auf dem Arm, andere allein. Ich betrachtete die völlig aufgeregte Menge, und die Menge die Kabinen, um ihre Angehörigen herauszufinden. In der Menge erkannte ich meinen Vater, mit einem Stock in der Hand. Neben ihm meine Frau in einem schwarzen Tschador. Sie kamen näher, zusammen mit meinem Sohn und meiner Tochter. Auch sie musterten die Kabinen, auf der Suche nach mir. Sie waren noch zehn bis fünfzehn Meter von meiner Kabine entfernt, als sie mich sahen. Die Kinder liefen los, meine Frau hinterher und zuletzt mein Vater, der am Stock hinterhereilte. Wir begannen, uns über das Telefon zu unterhalten. Lachen vermischte sich mit Tränen, der Hörer wechselte schnell die Hände, und genauso schnell antwortete ich jedem auf die Fragen nach meinem Befinden. Während einer von ihnen mit mir redete, schauten mich die anderen neugierig an; mein Vater stellte nach dem Austausch der Begrüßungsworte gleich folgende Frage: „Ich kann deine Füße gar nicht sehen. Kannst du überhaupt gehen? Haben sie dich sehr auf die Fußsohlen geschlagen?" Auf diese Frage eine Antwort zu finden war nicht leicht, denn ich wußte von meinen Mitgefangenen, daß die Telephone überwacht werden, und so tat ich, als hätte ich die Frage meines Vaters nicht gehört und fragte ihn statt dessen nach meinen Brüdern, Schwestern und anderen Verwandten. Aber mein Vater sagte: „Zeig deine Füße her, damit ich sehen kann, ob du gesund bist!" Ich erwiderte: „Nein, Vater, das geht nicht, das ist nicht erlaubt." Bei diesen Worten schüttelte mein Vater den Kopf und Tränen rollten über seine Wangen. Er warf mir erschrockene Blicke zu und gab den Telephonhörer an meine Frau weiter. Sie sagte, daß die Kinder am Ende des Besuchs zu mir dürften und ohne Trennscheibe mit mir zusammensein dürften. Als ich das hörte, machte mein Herz vor Freude fast einen Sprung. Ich bemühte mich, ganz fröhlich zu sein, so mit ihnen zu reden, ihnen so zu begegnen, daß sie das Gefühl haben sollten, es gehe mir gut und ich habe keine Probleme. In kurzen Sätzen tauschten wir – meine Frau und ich – Neuigkeiten über unsere Lage, über meine Verhöre, über die Verwandtschaft und die allgemeine Situation jenseits der Mauern aus. Mitten im Wort wurde das Gespräch plötzlich abgebrochen, wir hörten nichts mehr und konnten uns nur noch ansehen, Dann führten die Wärter sie aus dem Besucherraum.

Wir mußten die Augenbinden wieder anlegen, hinter den Vorhang folgen, und uns wieder in einer

Reihe aufstellen. Ein paar Minuten später hörten wir die Anweisung eines Wärters: „Wer noch Besuch von seinen Kindern kriegt, bleibt hier. Der Rest vortreten."

Ich blieb an meinem Platz stehen, bis zwei, drei Minuten später ein Wärter sagte: „Nehmt eure Augenbinden ab und hört genau zu, was ich euch sage. Erstens: Steckt die Augenbinden in die Hosentasche, damit die Kinder sie nicht sehen. Zweitens: Ihr dürft mit den Kindern nicht flüstern. Drittens: Ihr dürft von den Kindern nichts annehmen. Und Viertens: Ihr dürft den Kindern nichts mitgeben." Der Wärter, der eben gesprochen hatte, stand hinter einem Tisch, daneben standen zur Überwachung der Begegnung zwei weitere Gefängniswärter. Ein paar Schritte weiter, zu ihrer Linken, standen vier Kinder in einer Reihe. Ein Wärter hatte sie im Gänsemarsch hergebracht und vor dem Tisch Halt machen lassen. Auch mein Sohn und meine Tochter waren darunter. Die beiden erwähnten Wärter begannen, ihre Kleidung, ja sogar ihre Schuhe und Strümpfe zu durchsuchen.

Blicke und Gegenblicke – ich zu den Kindern, die Kinder zu mir, und die Augen der Wärter, die Kleider von Kopf bis Fuß absuchend, Augenblicke – Tage. Schließlich ließen sie die Kinder frei. Ich war nicht in der Lage, ihnen entgegenzulaufen oder auch nur ein bißchen schneller zu gehen, aber dafür die Kinder. Sobald sie frei waren, kamen sie angerannt. Ich umarmte sie und küßte sie, immer abwechselnd. Ich mußte meine ganze Energie aufwenden, um die Tränen zurückzuhalten, so unbeschreiblich war das Glücksgefühl. Obwohl der Wärter ausdrücklich darauf hingewiesen hatte, daß wir den Kindern nichts geben durften, hielt ich es nicht länger aus und holte eine Apfelsine, die ich in der Tasche hatte, hervor, schälte sie, steckte die Schalen wieder in die Tasche und verteilte die Stücke zwischen meinem Sohn und meiner Tochter. Die Wärter unterhielten sich gerade miteinander und merkten nichts davon.

Ich fragte die Kinder, wie es der näheren und weiteren Verwandtschaft gehe, und trug meiner Tochter, die schon etwas älter und dementsprechend „erwachsener" war, einige Dinge auf, die sie meiner Frau sagen sollte. Mein Sohn wollte gern ein bißchen mit mir spielen, meine Tochter dagegen lieber, daß ich auf einige Fragen von ihr antwortete. Sie fragte: „Papa, wann kommst du wieder heim?" „Es wird nicht zu lang dauern", sagte ich, „ich komme auf alle Fälle wieder." Dann fragte mein Sohn: „Papa, kann ich heute nacht bei dir schlafen?" „Aber das geht doch nicht," erwiderte ich, „ich darf dich doch nicht mitnehmen. Das erlauben die Wärter da nicht." „Soll ich sie um Erlaubnis fragen?" meinte mein Sohn. „Das erlauben die nicht, weißt du. Außerdem ist an dem Ort, wo ich bin, auch gar kein Platz zum Schlafen für dich. Wir sind 34 und oft mehr, und der Platz ist so knapp, daß wir selbst nicht bequem schlafen können." Mein Sohn beharrte: „Aber ich bin doch nicht groß, ich kann doch in deinem Arm schlafen." Ich versuchte, irgendwie das Thema zu wechseln, aber so schnell ließ mein Sohn nicht locker. Da unterbrach meine Tochter das

Gespräch und sagte: „Jeder, der hier übernachtet, wird am Morgen abgeholt und ausgepeitscht. Hier ist schließlich ein Gefängnis, kein Wohnhaus." Mein Sohn dachte einen Moment nach und fragte: „Papa, peitschen sie dich auch jeden Morgen aus?" Was sollte ich darauf antworten? Einerseits wollte ich darüber gar nicht sprechen, weil ich befürchtete, daß die Kinder Angst bekämen und zu Hause alles weitersagen und die ganze Familie unruhig machen würden, andererseits wollte ich die Tatsachen auch nicht beschönigen. Also mußte ich wieder das Thema wechseln, und ich begann, meinem Sohn Fragen zu stellen; große Lust, darauf zu antworten, hatte er jedoch nicht. Während wir sprachen, küßte ich beiden abwechselnd den Kopf, die Hände, die Augen. Meine erste Frage war: „Malst du auch, mein Sohn?" Worauf sofort meine Tochter antwortete: „Er malt immer Vögel, und einen Mann, der sie jagt, und darunter schreibt er immer Chomeini. Ich hab ihm schon ganz oft gesagt, die verhaften dich noch und bringen dich ins Gefängnis, aber er will überhaupt nicht hören." Einen Moment lang verstummten wir alle drei. Ich bat die Kinder, leiser zu sprechen, damit die Wärter es nicht hörten. Ich hatte noch nicht ausgeredet, als meine Tochter fragte: „Papa, stimmt das, daß jeder, der gegen Chomeini ist, hingerichtet wird?" „Tochterherz", meinte ich, „wir sprechen besser über etwas anderes. Wenn die Wärter das hören, erlauben sie euch nicht mehr, mich zu besuchen." Aber meine Tochter beachtete meine Worte nicht und sagte: „Papa, ich habe eine in der Klasse, und von der hat Chomeini ihren Vater und ihre Schwester hingerichtet. Ihr Vater war Ingenieur in einer Fabrik, und ihre Schwester war Schülerin im achten Schuljahr." Da sagte ich leise zu meinen Kindern: „Paßt auf, es kommt gerade ein Wärter auf uns zu. Wir reden besser über etwas anderes." Dann begann ich – so laut, daß der Wärter es hören konnte, meine Tochter zu fragen: „Hast du überhaupt schon eine Eins nach Hause gebracht?" Meine Tochter antwortete nicht, weil sie damit beschäftigt war, den auf uns zukommenden Wärter zu mustern. Mein Sohn, den ich umarmt hielt, drückte sich fester an mich. Der Wärter rief: „Kinder, verabschiedet euch jetzt und folgt mir."

Ich spürte einen tiefen Stich. Es war, als wollte der Wärter mein eigenes Leben wegnehmen. Noch einmal umarmte ich beide Kinder, begann sie zu küssen, und sie küßten mich. So saßen wir auf dem Boden, die Kinder bei mir. Der Wärter wiederholte, diesmal lauter: „Kommt, Kinder!" Ich stand auf, küßte die Kinder nochmal, nahm sie an die Hand, und wir gingen auf den Tisch zu, an dem die Wärter standen. Da sagte einer von ihnen: „Jeder bleibt, wo er ist. Nur die Kinder sollen kommen!" Meine Tochter sagte darauf: „Auf Wiedersehn, Papa", und ging zu den Wärtern. Aber mein Sohn ließ meine Hand nicht los und preßte sich gegen meine Beine. Ich küßte sein Gesicht und sagte: „Komm schon, und küß Mutti und Opa von mir." Mein Sohn sagte kein Wort, umklammerte nur meine Hand und ging keinen Schritt vorwärts. Er versuchte, meine Hand an sich zu ziehen. Ich ging einen Schritt vor und blieb wieder stehen. Aber mein Sohn ging erneut einen Schritt vorwärts und begann, an meiner Hand zu ziehen. „Ich darf nicht weiter", sagte ich zu ihm, „komm, geh mit deiner Schwester zu Mutti und Opa, und dann geht ihr zusammen nach Hause." Mein Sohn wollte nicht gehen und zog so heftig an meiner Hand, daß er ein rotes Gesicht bekam. Aber er sagte kein Wort, zog nur und zog. Ich rief meine Tochter und sagte ihr, sie solle ihren Bruder mitnehmen. Sie kam und sagte: „Laß doch Papas Hand los, komm, gehn wir", aber ohne Erfolg. Ich kam noch einmal ein, zwei Schritte vorwärts.

Da kam ein Wärter und fragte, was los sei. Ich sagte: „Das Kind läßt meine Hand nicht los." Da kniete der Wärter nieder und sagte: „Komm, laß die Hand von deinem Vater los und sei nicht traurig. Später kannst du doch wieder einmal kommen und deinen Vater besuchen." Mein Sohn umfaßte meine Rechte mit beiden Händen und zog mich mit aller Kraft vorwärts, so daß ich noch einen Schritt vortreten mußte. Da kamen zwei weitere Wärter auf uns zu. Mein Sohn, meine Tochter und ich waren von drei Wärtern umringt. Jeder von den dreien sagte etwas, um meinen Sohn dazu zu bewegen, meine Hand loszulassen und seiner Schwester zu folgen. Ohne Erfolg. Mein Sohn keuchte schwer, kein Wort kam aus ihm heraus, er zog nur, so fest er konnte. Ein Wärter beugte sich vor und fragte meinen Sohn relativ freundlich: „Was willst du denn? Wieso läßt du die Hand deines Vaters nicht los?" Da war es mit der Fassung des kleinen Buben vorbei. Weinend und an meiner Hand ziehend schrie er:

„Komm, Papa, gehn wir heim, komm, Papa, ...“ Ich selbst war unfähig, etwas zu sagen, eine blinde Wut schnürte mir die Kehle zu, nichts hätte ich lieber gemacht als mit meinem Sohn heimzugehen. Aber war denn das möglich? Die drei Wärter, in deren Mitte wir standen, schienen ganz von dem Willen meines Sohns in Bann gezogen , und ihre Mienen verrieten Ratlosigkeit. Dem einen, dem jüngsten, standen Tränen in den Augen, die beiden anderen wußten nicht, was sie tun sollten. Hilflos schweigend standen sie da. Und mein Sohn brüllte weiter und umklammerte meine Hand: “ Komm, Papa, gehn wir heim, komm, Papa...“

Da schrie der Wärter, der noch am Tisch stand, die anderen wütend an: „Los, was steht ihr rum und glotzt?“ Und er kam auf uns zugestürzt, riß die Hände meines Sohns mit Gewalt von meiner Hand los, packte ihn unter dem Arm und sagte: „Alle Kinder hierher kommen!“ Das Weinen meines Sohns wurde heftiger, und nun fing auch meine Tochter, vielleicht aus Angst, an zu weinen. Auch die anderen Kinder, die sich dem Wärter näherten, begannen leise zu weinen. Der Wärter brachte die Kinder fort. Die anderen Wärter kehrten an den Tisch zurück und schwiegen.

Meine Kinder waren schon außer Sichtweite, aber ich hörte noch ihr Weinen. In mir schlugen ohnmächtige Wut, Schmerz und Trauer hoch. Mein Herz pochte, nur mit Mühe konnte ich einen Schrei unterdrücken, die Zunge versagte den Dienst, die Arme zuckten, und ich knirschte unwillkürlich mit den Zähnen. Beiß dir auf die Unterlippe, kräftig, noch kräftiger – der Schmerz brachte mich wieder zu mir. Langsam kehrte meine Selbstbeherrschung wieder.

Das tiefe Schweigen dauerte an, bis der Wärter zurückkam, der die Kinder fortgebracht hatte. Er kam schnurstracks auf mich zu, stieß wüste Beschimpfungen aus und begann, mich mit Füßen und Fäusten zu traktieren. Infolge der früheren „Behandlung" war ich noch so geschwächt, daß ich mich nicht auf den Füßen halten konnte. Ich fiel hin, aber der Wärter ließ nicht locker. Seine Stiefel traten mich wie Eisenschuhe. Unablässig schlug er auf meinen Kopf und Rücken ein, während er mir vorhielt: „Was mußtest du denn ins Gefängnis kommen? Warum verstößt du denn gegen die Gesetze, wenn du doch Frau und Kinder hast?"

Die Schläge fielen so hart und schmerzhaft auf mich nieder, daß ich nicht mehr spürte, wie sie aufhörten und was der Wärter sonst noch mit mir anstellte. Als ich die Augen wieder aufschlug, lag ich in einem Bett, mit einem weißen Bettuch zugedeckt, und meine rechte Hand war mit einem Infusionsschlauch verbunden. Ich entdeckte, daß ich mich in der Notstation der Anstalt befand, denn hier war ich nicht das erste Mal zur Behandlung. Noch einmal liefen die letzten Momente des Besuchs vor meinen Augen ab, hörte ich das Weinen meines Sohns, hörte ich sein „Komm, Papa, gehn wir heim, komm, Papa..."

„LEBT WOHL, FREUNDE"

Mein einziger Kontakt zur Außenwelt war die Spalte unter der Tür. Die Zelle war ungefähr zweieinhalb Meter lang und zwei Meter breit. Waschbecken und Klo waren in der Zelle. Als Bettzeug dienten mir drei ausgediente Militärdecken. Die Zellentür hatte ein kleines Loch, durch das die Wärter hereinschauen konnten, um das Zelleninnere zu kontrollieren. Dreimal täglich schoben mir die Wärter eine kärgliche Menge Essen unter der Tür durch. Nach einer Phase täglicher Verhöre riefen sie mich etwa drei Monate lang kein einziges Mal. Manchmal dachte ich, daß sie mich in diesem Verließ ganz vergessen hätten, manchmal, daß sie vielleicht noch weitere Erkundigungen über mich einziehen. Manchmal hatte ich das Gefühl, als sei ich in dieser großen Welt verloren gegangen. Mühevoll markierte ich die verstreichenden Tage mit einem Streichholz an der Wand. Mitunter wäre es mir lieber gewesen, zum Verhör zu gehen, selbst wenn sie mir dort ein paar Peitschenhiebe verpaßten, das wäre nicht so wichtig gewesen, wenigstens hätte ich die Chance gehabt, vielleicht etwas Neues zu hören. Ich hätte erfahren können, wie es um den Krieg zwischen Iran und Irak steht, und hätte vielleicht mitbekommen, was sie über mich herausbekommen hatten. Aber das war bloßes Wunschdenken.

Nach drei Monaten holte mich die Stimme eines Wärters wieder in die Gegenwart zurück. Er stand vor der Tür und sagte, ich solle meine Augenbunde anlegen. Als ich mir die Augen verbunden hatte, ging die Tür auf, der Wärter faßte mich am Hemdärmel und führte mich ab. Erst dachte ich, es gehe zum Verhör, und zahlreiche Gedanken bestürmten mich gleichzeitig. Schnell versuchte ich, mich zu erinnern, und was sie bis jetzt gefragt hatten, und ließ mir meine bisherigen Antworten durch den Kopf gehen, um mich nicht in Widersprüche zu verwickeln. So oft hatten sie mich schon zum Verhör und zur Folterkammer zwei Stockwerke tiefer gebracht, daß ich den Weg auswendig wußte. Nach 23 Schritten kam ein Gang, in dem sich die Verhörzimmer befanden.

Ich fühlte, daß der körperliche und seelische Kampf mit den Verhörbeamten wieder begann. Aber zu meiner Überraschung brachte mich der Wärter ein Stockwerk tiefer. Ich sagte mir, dann führen sie mich diesmal wohl direkt zur Folterkammer. Der Verhörende wartet wahrscheinlich schon dort und ist bereit, mich auspeitschen zu lassen, wenn ich nicht gleich bei der ersten Frage die gewünschte Antwort gebe. Ich täuschte mich, denn der Wärter führte mich aus dem Gebäude hinaus.

Ich genoß die frische Luft. Schnell nahm ich ein paar tiefe Atemzüge. Ich hatte nur zerrissene Hausschuhe und keine Strümpfe an. Der Wärter führte mich über vereisten Schnee ich weiß nicht wohin. Nach ein paar Minuten ließ er mich im Freien auf Schnee und Eis stehen und sagte, ich solle hier warten. Allmählich wurden meine Füße immer kälter und fingen an zu schmerzen. Ich begann, am ganzen Leib zu zittern, aber die freie Luft war mir wirklich lieb. Da vernahm ich aus einigen Schritten Entfernung die Stimme eines Wärters. „Komm näher!" sagte er. Ich merkte, daß außer mir auch noch andere da standen. Der Wärter befahl, daß wir uns an der Kleidung des Vordermanns halten sollten. Ich war der letzte in der Reihe. Er brachte uns zu einem anderen Gebäude, dort ging es zwei Stockwerke hoch, und wir kamen wieder in einen Gang. Zu beiden Seiten waren Zellen. Er öffnete die Zellentüren der Reihe nach und schickte jeweils einen von uns hinein. Ich war der letzte, den er in eine Zelle schob. Hinter mir schloß er die Tür.

Da merkte ich, daß noch andere in der Zelle waren. Eine Stimme sprach: „Willkommen, du kannst deine Augenbinde abnehmen." Als ich sie abgenommen hatte, sah ich, daß die Zelle ringsum voll war. Sogar in der Mitte saßen welche. Jemand rückte zur Seite und bot mir einen Platz an. Ich setzte mich hin. Mein Nachbar hieß mich noch einmal willkommen.

Während er redete, gab er mir einen Apfel, und ein anderer ein paar Datteln. Mein Nachbar stellte sich zuerst vor: „Ich heiße Masud und bin 1982 verhaftet worden." Dann nannte er die Organisation, in der er aktiv gewesen war. Nach Masud stellten sich alle anderen der Reihe nach vor, bis ich schließlich drankam. Ich berichtete, wann ich verhaftet worden war und was mir vorgeworfen wurde. Ich war hier, das spürte ich, in eine überaus lebendige Welt eingetreten, schon bei der Vorstellung zeigte sich ihr ungebrochener Stolz und ihre Anteilnahme. Aus ihren Gesprächen erfuhr ich, daß sie

Masud zum Zellensprecher gewählt hatten. Ich wußte inzwischen auch, daß unsere Zelle täglich zwanzig Minuten Hofgang hatte, manchmal vormittags, manchmal auch nachmittags. Man konnte sich dort die Füße vertreten und in einem Waschbecken auch seine Wäsche waschen, falls man welche hatte. Gegenüber der Tür war ein Regal an der Wand, in dem jeder seine Sachen in einem Beutel verstaut hatte. Die Beutel waren völlig eng hineingezwängt. Das Zusammensein mit anderen Menschen, der freundliche Umgang miteinander, ihre Gespräche und Diskussionen, die Abwesenheit jeglicher Reuiger, die täglich zwanzig Minuten Hofgang, die Existenz eines Fernsehers in der Zelle, mit dem wir Nachrichten hören konnten, das Verhalten und die Reden von Masud, das alles erweckte wieder Leben in mir. Aber am meisten freute ich mich auf den Hofgang, aufs Freie. Und am Nachmittag ging tatsächlich die Zellentür auf, ein Wärter rief „Hofgang!" und ging wieder. Wir verließen die Zelle, durchquerten einen langen Flur, gingen die Treppe hinunter und kamen auf den Hof. Die Mitgefangenen hatten mir Strümpfe und gute Hausschuhe gegeben. Ich ging langsam, Schritt für Schritt, und sog die frische Luft tief ein. Ein paar Minuten später gesellte sich Masud zu mir und fing ein Gespräch an. Er erklärte mir, daß einige aus der Zelle keinen Besuch bekämen und deshalb keine Kleider und kein Geld von ihrer Familie erhielten. Daher tun alle, die Geld und Kleider haben, diese an eine bestimmte Stelle, und alle können nach Bedarf etwas davon nehmen. Beim Schlafen, so erzählte er, wird besondere Rücksicht auf die Kranken genommen, weil der Platz knapp ist. Auch bei der Verteilung der Mahlzeiten und des Obstes, das Mangelware ist, sorgen sie besonders für die Kranken. Das Geschirrspülen, Essenausteilen und Saubermachen der Zellen wird ebenfalls unter den Gefangenen aufgeteilt, jeden Tag ist eine bestimmte Gruppe dran. Morgens wird in der Zelle zwanzig Minuten Gymnastik getrieben, freiwillig, wer will. Das alles berichtete mir Masud. Unterdessen war der Hofgang zu Ende, und wir kehrten in die Zelle zurück. In den folgenden Tagen sollte ich feststellen, wie hilfsbereit Masud den anderen gegenüber in allen Dingen war. Wenn welche vom Verhör zurückkamen, versorgte er sie und pflegte sie, sofern er in der Zelle war, und hatte keine ruhige Minute. Er glich einem Arzt, der mit Leib und Seele bei der Sache ist. Auch wenn jemand bedrückt war und Sorgen hatte, stets versuchte Masud ihm zu helfen, so gut er konnte. Im Laufe der Zeit lernte ich ihn noch besser kennen. Die anderen hatten mir erzählt, daß er verheiratet ist und eine kleine Tochter hat.

Eines Tages, als ich ihn fragte, ob er von ihnen Besuch bekomme, antwortete er: „Ich sehne mich sehr nach ihnen. Wenn ich sie doch nur einen Moment lang sehen dürfte, nur einen Blick auf sie werfen! Aber leider habe ich weder von meiner kleinen Tochter noch von meiner Frau Nachricht. Ich weiß nichts, nicht wo sie sind, und nicht, wie es ihnen geht." „Wie das?" fragte ich. Er berichtete: „Wir gingen die Schademan-Straße entlang. Ich hatte meine Tochter auf dem Arm. Auf einmal merkte ich, daß ich von vorn und von hinten beobachtet wurde. Ich wußte nicht, ob sie uns verhaften wollten oder bloß beschatteten. Irgendwie müssen wir fliehen, dachte ich. Während ich meiner Frau die Tochter übergab, machte ich ihr die Lage klar. Ich nahm ihr die Tasche mit den Kinderkleidern ab, und während ich darin herumsuchte, Kleidungsstücke herausholte und wieder hineintat, sagte ich zu meiner Frau: ‚Ein Stückchen weiter biegen zu beiden Seiten zwei enge Straßen ab. Die eine trifft auf die Sandschan-Straße, die andere auf die Setarchan-Straße. Sobald wir an die Stelle kommen, gehe ich auf die andere Straßenseite und biege in das Sträßchen ein, das zur Setarchan-Straße führt. Du biegst auf dieser Seite ein und gehst ganz ruhig weiter. Sobald du sicher bist, daß du nicht mehr verfolgt wirst, versuche so schnell wie möglich, aus dieser Gegend wegzukommen.' Meine Frau nahm die Tasche mit den Kleidern wieder an sich. Wir gingen weiter, und ich verabschiedete mich leise von ihr. Als wir an die vereinbarte Stelle kamen, rannte ich mit vollem Tempo über die Straße und bog in die gegenüberliegende Seitenstraße ein. Ich rannte weiter. In der Seitenstraße hörte ich auf halbem Weg ein Motorrad, das mit Vollgas hinter mir herkam. Das Motorrad überholte mich, es saßen zwei Personen darauf. Ein ganzes Stück weiter stieg einer ab, und das Motorrad fuhr fort. Ein paar Augenblicke später kam ein weiteres Motorrad mit zwei Personen und überholte mich. Sie stiegen ab. Beide waren bewaffnet. Ich merkte, daß es

60

sinnlos war, weiterzulaufen. Ich blieb stehen, schaute mich um und entdeckte, daß ich in die Falle gegangen war, denn von hinten kamen auch mehrere auf mich zugerannt. Ich lief auf eine wenige Schritte entfernte Haustür zu und klingelte. Aber bis die Haustür geöffnet wurde, stürzten sich die Verfolger von beiden Seiten auf mich und versetzten mir Faustschläge und Fußtritte. Da hörte ich Leute fragen: „Wieso schlagt ihr den armen Menschen? Was hat er denn getan?", und sie wollten mich aus den Händen der Verfolger befreien. Darauf gab einer der Verfolger ein paar Schüsse in die Luft ab und sagte: „Wir sind Pasdaran, und dies ist ein Feind der Revolution. Er wollte fliehen, und wir haben ihn festgenommen." Während sie mich von beiden Seiten in die Zange nahmen, banden sie mir die Hände auf dem Rücken zusammen und brachten mich zu einem Motorrad. Die Seitenstraße hatte sich mit Frauen und Kindern gefüllt, die Haustüren waren aufgegangen, und von überallher kamen Menschen. Die Leute beugten sich aus den Fenstern und schauten hinunter. Sie redeten leise miteinander, so daß ich sie nicht verstehen konnte. Ich mußte aufs Motorrad steigen, vor mir der Fahrer, dann ich und einer hinter mir, der mich festhielt. Das Motorrad startete. Als wir in die Setarchan-Straße einbogen, hielt das Motorrad neben einem Fahrzeug, in dem drei Pasdaran saßen. Ich mußte einsteigen. Meine Augen wurden verbunden, dann brachten sie mich nach Ewin. Sogleich gingen die Verhöre los, und seitdem habe ich keine Nachricht mehr von meiner Frau und meiner Tochter."

Ich fragte ihn, wie seine Verhöre waren. Er wies auf seine Fußsohlen. Ich schaute hin. Schon die Tage davor hatte ich seine Füße gesehen, die Form seiner Zehen war mir aufgefallen. Von den anderen hatte ich auch erfahren, wie lange er den Verhören ausgesetzt war und was er alles durchmachen mußte. Während ich auf seine Füße schaute, fragte ich, ob er deswegen vielleicht gar ins Krankenhaus mußte. Er bestätigte mit einem Kopfnicken. Ich fragte, ob er auch schon seine Gerichtsverhandlung gehabt habe. „Schon vor längerer Zeit!" antwortete er. Was für eine Strafe er denn bekommen hätte, wollte ich wissen. Darauf er: „Der Verhörbeamte hat die Hinrichtung gefordert." Ich fragte, was er bei der Verhandlung aus den Fragen und Antworten herausgelesen habe. Er antwortete: „Meine Verhandlung hat vielleicht gerade drei Minuten gedauert. Ich habe gar nicht mitbekommen, was los war. Meine Augen waren ja verbunden, jemand hat ein paar Fragen gestellt, und ich habe geantwortet. Das war die Gerichtsverhandlung." Auf die Frage, was er denn jetzt denke, wie es weitergehe, meinte er: „Seit einiger Zeit holen sie mich zweimal pro Woche zum Verhör. Du weißt ja selbst, wie die Verhöre sind. Jedesmal, wenn sie mich holen, wollen sie, daß ich ein ‚Interview' gebe, daß ich vor den Gefangenen meine ‚Untaten' gestehe und bereue. Der Verhörende besteht jedesmal darauf. Er sagt, wenn ich ein ‚Interview' gebe, würde das Todesurteil in lebenslänglich umgewandelt." Ich fragte: „Heißt das, daß ein einziges Interview dein ganzes Urteil ändert?" Er meinte: „Mag sein, daß dies bei einigen tatsächlich reicht und das Lebenslänglich dann nach und nach auf 15 Jahre reduziert wird. Aber in meinem Fall ändert ein Interview überhaupt nichts." Ich wollte wissen, wie das komme. Er antwortete: „Sie wollen mich unbedingt hinrichten. Gut. Sollen sie es tun. Dieses Fleisch und diese Knochen gehören ihnen. Aber wenn ich ein Interview gebe, dann habe ich mich selbst hingerichtet. Und ‚ein Interview‘ ist leicht gesagt. Zuerst muß man in den Gebetsraum und vor den versammelten Gefangenen seiner Überzeugung abschwören, Reue zeigen, seine Organisation in Grund und Boden verdammen, Chomeini und die Islamische Republik akzeptieren und tausenderlei Unsinn über sich selbst, seine Freunde und seine Überzeugung von sich geben – das ist die erste Hinrichtung. Nach dem Interview muß man dann seine Gefährten bespitzeln – das ist die zweite Hinrichtung. Und um zu beweisen, daß man ein echter Reuiger ist und die Regierung wirklich akzeptiert, muß man alles ausführen, was sie einem auftragen, auch Mitgefangene foltern und sogar hinrichten. Das ist die dritte Hinrichtung. Wenn ich dann meine eigene Überzeugung hingerichtet habe, meine Wünsche und Ziele, meine Liebe zu den Freunden, meinen Einsatz für die Organisation, wenn ich das alles hingerichtet habe, was bleibt mir dann noch zum Leben? Daraus folgt: Ein Interview bedeutet Hinrichtung, kein Interview – ebenfalls. Aber diese beiden Hinrichtungen sind nicht dasselbe. Die erste vollstrecke ich mit eigener Hand. Dann bin ich wirklich tot. Die andere Hinrichtung müssen sie selbst ausführen. Meinen Körper können sie töten, aber meine Sehnsüchte, meine Überzeugung, können sie die etwa hinrichten? Nein, das kann niemand, auf der ganzen Welt nicht. Ich bin sicher, daß meine Sehnsüchte und Ziele in meiner Tochter und in den kommenden Generationen weiterleben werden." Er sprach so ruhig, so unverrückbar wie ein Fels. Sein Stolz und seine Würde machten einen tiefen Eindruck auf mich. Die Zelle war vom Geist des Widerstands erfüllt.

Jeden Tag wurden einige aus der Zelle zum Verhör abgeholt. Nachts hatten sie dann nach den ganzen Folterungen und Schmerzen nicht einmal einen Platz, wo sie sich ausstrecken konnten. Auch meine Verhöre fingen wieder an, fast täglich holten sie mich; wir machten Schweres durch in diesen Tagen. Bei mir stand es schließlich so, daß ich ins Krankenhaus mußte. Zehn Tage Krankenhaus und wieder zurück in die Zelle. Außer mir waren in der Zelle noch zwei weitere krank, auch sie infolge der Verhörmethoden. Die liebevolle Fürsorge Masuds und der anderen hatte bei mir mehr Erfolg als jede erdenkliche ärztliche Behandlung haben konnte. Einen Tag später öffnete ein Wärter die Tür und rief Masud, er solle sich die Augenbinde anlegen und herauskommen. Alle wunderten sich. Es war nicht die Zeit, zu der wir normalerweise zum Verhör gerufen wurden. Keiner konnte sich denken, zu welchem Anlaß sie ihn geholt hatten. Nach etwa zwei Stunden brachten sie ihn wieder. Beim Eintreten begrüßte er uns ganz herzlich und glückstrahlend, mit lächelndem Gesicht und leuchtenden Augen.

Einer von uns fragte ganz ungeduldig: „Wo warst du denn? Zum Verhör bestimmt nicht." „Nein, ich habe Besuch bekommen, und dazu ohne Trennscheibe", sagte Masud. Ein anderer fragte: „Im Ernst? Und von wem?" Masud erwiderte: "Von meinen Eltern".

Betroffenes Schweigen allerseits. Masud setzte sich. Alle senkten den Blick und ließen die Köpfe hängen. Es war so still, als hätten sie zu atmen aufgehört. Einige weinten kaum hörbar in sich hinein. Ich begriff nicht, wie die Stimmung so plötzlich umschlagen konnte, es kam mir vor wie eine Totentrauer. Ich fragte leise einen neben mir, was das zu bedeuten habe, warum sie auf einmal alle so still geworden seien. Er fragte, ob ich wisse, was es bedeute, wenn jemand in Masuds Situation seine Eltern ohne Trennscheibe sehen dürfe. Ich sagte: „Nein." „Das heißt", fuhr er fort, „daß Masud sehr bald hingerichtet wird. Wir haben die Erfahrung gemacht: Wenn sie jemand hinrichten wollen, darf derjenige einen oder ein paar Tage vorher noch einmal seine engsten Angehörigen sehen und umarmen. Solche Besuche kommen meist unerwartet."

Da erklang Masuds Stimme: „Freunde, unser Kampf ist kein Spiel! Wenn man sich darauf einläßt, erst recht mit einer solchen Regierung, muß man auch mit so etwas rechnen. Hier wird keinem etwas geschenkt. Schon lange habt ihr gemerkt, wie sie versuchen, mich zu brechen. Nun, das ist ihnen nicht gelungen, sie mußten eine Niederlage einstecken. Aber diese Niederlage wollen sie mir heimzahlen. Das Wie ist klar – indem sie mich hinrichten. Wollt ihr wissen, was ich meinen Eltern ge-sagt habe? Ich weiß nicht, ob es falsch oder richtig war, aber ich wollte, daß meine Eltern ihre Hoff-nung behalten, solange sie nicht von meiner Hin-richtung erfahren. Ich habe ihnen deshalb gesagt, daß ich vielleicht bald freigelassen werde."

Er schwieg. Alle sahen ihn an. Da sprach er wie-der: „Freunde, wer weiß, wieviele Tage ich noch unter euch bin. Vielleicht bin ich morgen früh schon weg. Gut. Aber wenn ihr hier Trübsal blast und sol-che Gesichter zieht, ändert das überhaupt nichts. Ich bitte euch, macht mir die letzten Momente, die ich bei euch bin, nicht unnötig schwer. Ihr wißt be-stimmt auch gute, schöne Dinge zu erzählen; kommt, redet lieber und lacht!" Danach bat er um Stille und begann, leise eine heitere Melodie zu summen. Dann wünschte er sich, daß ein Mitge-fangener, der eine ganz ergreifende Stimme hatte, eine alte iranische Weise singen möge. Nach und nach kehrte wieder die gewohnte Stimmung in die Zelle zurück, so als versuchte jeder, seinen Teil da-zu beizutragen, die letzten Augenblicke mit Freu-de zu erfüllen. Masud ließ sich abwechselnd bei den verschiedenen Grüppchen in unserer Zelle nieder und beteiligte sich lebhaft am Gespräch. Eins schien seinem Gesicht, seinem ganzen Wesen völ-lig fremd: die Angst vor der Hinrichtung. Er sprach, als stünde ihm eine lange, interessante Reise bevor, auf der es viel zu sehen gebe.

Zur Schlafenszeit lag zwar jeder auf seinem Platz, aber keiner konnte schlafen. Am nächsten Morgen, noch vor dem Frühstück, schlug jemand kräftig an die Tür und öffnete sie. Ein Wärter stand da, der Masud aufforderte, seine Sachen zu packen und mitzukommen. Wenn jemand mit seinen ganzen Sachen herausgerufen wird, kann das mehreres bedeuten. Es kann heißen, daß er in eine andere Zelle, in eine andere Abteilung oder überhaupt in ein anderes Gefängnis verlegt wird. In Masuds Fall aber – erst recht nach dem Besuch – hieß das nur eins: daß er dem Hinrichtungskommando übergeben werden sollte. Masud ging zu seinem Beutel und packte sein Zeug ein. Neben ihm standen ein paar Gefangene, auch die anderen standen. Als er sich anschickte zu gehen, umringten ihn alle, umarmten ihn der Reihe nach, küßten ihn auf seine Wangen und suchten nach passenden Worten. Einige regten an, zu Masuds Andenken dreimal den Segensruf zu wiederholen, den die Gläubigen dem Namen der Propheten bei jeder Nennung folgen lassen. (Daß dies den Wärtern mißfallen würde, lag auf der Hand, hatte Chomeini die dreimalige Wiederholung der Segensformel doch ausschließlich für sich vorbehalten. Jeder mußte sie bei der Nennung seines Namens – sei es beim Freitagsgebet, sei es anderswo – aufsagen.) So riefen ihm die Zellengefährten zum Schluß dreimal den Segen zu, dann schüttelte ihm nochmal jeder reihum die Hand und verabschiedete sich.

Masud stand mitten in der Zelle, um ihn seine Freunde, als der Wärter wütend losschimpfte, Masud solle endlich herauskommen und die anderen ihm den Weg freigeben. Aber niemand achtete auf seine Worte. Der Wärter verschwand für einen Moment und kehrte mit Verstärkung zurück. Die Wärter stürmten in die Zelle, schlugen die Gefangenen mit Füßen und Fäusten und versuchten, ihnen Masud zu entreißen. Sie brachten ihn zur Tür, und während er noch im Türrahmen stand, wandte er uns den Kopf zu und rief: „Lebt wohl, Freunde!" Die Wärter schoben ihn hinaus und knallten die Zellentür wutentbrannt zu.

Die Gefangenen versanken in Schweigen, keiner hatte Lust zu reden. In diesem absoluten Schweigen legten sie alles fürs Frühstück bereit, aber sie waren schnell fertig damit. Der Appetit war ihnen vergangen, keiner brachte einen Bissen hinunter. Auch zu Mittag ging es so. Nachmittags kamen dann neun Wärter in unsere Zelle, und einer begann, eine Rede zu halten: Die Gefangenen hätten nicht das Recht gehabt, sich von Masud zu verabschieden. Dann folgte eine lange Predigt über den „Bösewicht" Masud. Zum Schluß betonte er, daß wir nicht das geringste Recht hätten, ihm den Segensgruß zuzurufen. Worauf ein Wärter ergänzte, daß einige dieser verkommenen Existenzen – er meinte uns – Masud mit Parolen gefeiert und den Segensgruß gleich dreimal gerufen hätten. Da wollten die Wärter von uns wissen, wer das gewesen sei. Keine Antwort. „Bestimmt haben ein paar von euch die anderen angestiftet", meinten sie darauf. „Es ist besser, wenn ihr die Anstifter nennt", drohten sie, „sonst werden alle, die diese verwerfliche Sünde begangen haben, dies an der eigenen Haut zu spüren bekommen." Sie gaben uns bis zum nächsten Tag Zeit, die „Anstifter" zu denunzieren. Zwei Tage vergingen. Am Nachmittag des dritten Tages erschienen dieselben Pasdaran mit Kabeln bewaffnet in der Zelle und versuchten noch einmal, uns zum Reden zu bewegen. Ohne Erfolg. Da fielen sie wütend über uns her und schlugen uns mit den Kabeln auf Kopf und Rücken. Wieder ohne Erfolg. Schließlich erklärten sie: „Da keiner von euch redet und die Anstifter nennt, bekommt jeder zwanzig Peitschenhiebe." Sie zwangen uns, uns im Kreis aufzustellen, dann legten sie jeden der Reihe nach jeweils in der Mitte auf den Boden und verabreichten ihm zwanzig Peitschenhiebe. Eine kalte Wut stieg in uns auf, jeder biß die Zähne zusammen. Die Wärter kamen ganz außer Atem und schwitzten. Wie ein geschlagenes Heer sammelten sie ihre Kabel und Prügel ein und gingen. Die Zellentür schloß sich.

Wir blickten uns an, und ein Lächeln breitete sich auf unseren Gesichtern aus.

WIE DIE KASSE AUS DEM OBSTLADEN
VERSCHWAND

Zwei Monate war es her, seit unsere Abteilung in eine offene Abteilung umgewandelt worden war, d.h. mit zum Flur geöffneten Zellentüren. Zwar hatten die Gefangenen jetzt zwei Stunden Hofgang, und nachts schliefen einige auf dem Flur, so daß in den Zellen etwas mehr Platz zum Schlafen war; auch konnten die Gefangenen jetzt auf dem Flur spazieren gehen, aber dafür hatten die Wärter und die Reuigen ein umso schärferes Auge auf alle. Immer wenn zwei auf dem Flur oder beim Hofgang zusammen gingen oder gemeinsam rauchten oder einen Moment miteinander ein paar Worte wechselten oder hintereinander vor der Toilette Schlange standen und sich beim Warten unterhielten, jedesmal erregten sie den Verdacht der Reuigen und der Wärter. Und von da gelangte diese Information schnell weiter zu den Verhörenden, auch wenn es noch so nebensächliche Details waren. So fragte mich mein Verhörbeamter eines Tages: „Was machst du eigentlich in der Abteilung?" Ich erwiderte, daß ich wegen meiner Krankheit meist in einer Ecke der Zelle liege und schlafe. Da fing der Verhörende an zu fluchen und sagte: „Du lügst! Ich werd' dir jetzt mal alles aufzählen, was du so tust. Glaub' bloß nicht, du kannst mich reinlegen." Und dann begann er, in allen Einzelheiten aufzuzählen, was er wußte: Wem ich in der Zelle beim Essen gegenübersitze, um mit ihm zu essen, mit wem ich auf dem Flur spazieren gehe, welche Leute mir beim

Baden und Kleiderwaschen helfen, welche Teile der Zeitungen „Keihan" (Die Welt) und „Ettela'at" (Nachrichten) ich lese und mit wem ich besonders häufig vor der Toilette anstehe.

Die Gefängnispolitik der Islamischen Republik war eine ständige psychologische Kriegsführung. Obwohl die Zellentüren jetzt offen waren und die fast fünfhundert Gefangenen, die sich die kleine Fläche teilten, einander nun sehen konnten, zusammen auf den Hof durften, sich gegenseitig in der Zelle besuchen konnten, zusammen den Flur auf und ab gehen konnten – die Reuigen und die Wärter verstanden es ausgezeichnet, ihnen die Erleichterungen zu verleiden und zur Qual zu machen. Ständig gab es Verhöre mit den seltsamsten Fragen: „Wieso bist du mit Soundso spazieren gegangen? Wieso hast du mit Soundso gegessen, gesprochen? Was hat er zu dir gesagt?" usw.

Aus diesem Grund wäre es vielen Gefangenen lieber gewesen, wenn die Zellentüren wieder geschlossen worden wären und sie in geschlossenen Zellen leben könnten. Sie hätten es vorgezogen, die schweren Bedingungen der Einzelhaft oder der geschlossenen Zellen zu ertragen, um dafür diesem ganzen Nervenkrieg zu entgehen. Jeden Tag kam es zu abenteuerlichen Szenen in diesem Krieg zwischen der Islamischen Republik, die die Gefangenen geistig und psychisch zerbrechen wollte, und den Gefangenen, die hartnäckig Widerstand leisteten. Am Ende des Flurs unserer Abteilung war ein kleiner Raum, der als Laden genutzt wurde. Zweimal wöchentlich wurden dort Obst und Datteln verkauft. Der Verantwortliche für den Laden war ein Reuiger, ein äußerst unangenehmer Kerl, der einen Kreis von Gehilfen um sich geschart hatte, ebenfalls lauter Reuige. Der Führer der ganzen Gruppe war Hadschi Scharif, einer der Wärter dieser Abteilung. Es gab jedoch noch einen zweiten, nicht weniger unsympathischen Reuigen, der von seiten der Gefangenen für die gesamte Abteilung verantwortlich war und noch mehr Reuige um sich versammelte. Diese zweite Gruppe stand unter der Führung von Hadschi Jehdi, dem Leiter aller Wärter dieser Abteilung.

Hadschi Mehdi war ein Anhänger von Ladschewardi, dem Gefängnisdirektor, Hadschi Scharif hingegen war Anhänger von Vize-Imam Montazeri. Zwischen ihnen herrschte deshalb ein gespanntes Verhältnis. Jeder hatte seine eigene Art, mit den Gefangenen umzugehen. So entspann sich ein Kampf zwischen den beiden Pasdaran, und zugleich ein Kampf zwischen zwei Gruppen von Reuigen. Beide Gruppen versuchten, die Gefangenen vor allem psychisch und nervlich aufzureiben. Trotz dieses ständigen Drucks kümmerten sich die Gefangenen umeinander, halfen sich, redeten miteinander und lachten und bemühten sich, ihre Situation gemeinsam zu meistern.

Als die Staatsanwaltschaft vom Ewin-Gefängnis die Erlaubnis gab, daß den Gefangenen Obst verkauft werden dürfe, wurde dies zum Anlaß für einen neuen Psychokrieg gegen die Gefangenen. Und das kam so: Das Obst, das in jenem Laden am Ende der Abteilung angeboten wurde, kam in Ein-

und Zwei-Kilo-Kisten, die Datteln gewöhnlich in Verpackungen zu 200 Gramm. Den Gefangenen war es nicht gestattet, selbst in den Laden zu gehen und Obst oder Datteln in der gewünschten Menge zu kaufen. Es war vielmehr so, daß der Verantwortliche jeder Zelle, natürlich ein Reuiger, zuerst die Namen derjenigen, die Geld hatten und Obst kaufen wollten, aufschrieb und ihr Geld einsammelte. Dann brachte er, unterstützt von einem zweiten Reuigen, das Obst und die Datteln und verteilte davon zuerst an die Reuigen, dann an die übrigen Gefangenen. Die Reuigen durften in den Kisten und Schachteln herumwühlen und sich die guten Früchte heraussuchen. Es gab meistens Äpfel und Datteln, manchmal auch Orangen, nur selten etwas anderes. Die Qualität war jedoch stets miserabel. Von einer Kiste Äpfel oder Orangen war ausnahmslos die Hälfte oder mehr verfault und nicht mehr genießbar. Die Datteln waren gewöhnlich wurmig und verdorben. Aber keiner durfte die gekauften Früchte wieder zurückgeben. Deshalb hatten die Gefangenen die verfaulte und ungenießbare Ware schon wiederholt kistenweise vor dem Laden ausgekippt. Das Geld bekamen sie jedoch nicht zurück.

In unserer Zelle waren drei Personen, die nie Besuch bekamen und auch kein Geld hatten. Wenn mir meine Familie Geld schickte, teilte ich es deshalb mit ihnen, heimlich natürlich, damit kein Reuiger es merkte. Einmal, als wir vier Obst und Datteln gekauft hatten, stellten wir fest, daß alles verfault und verdorben war. Ich beschwerte mich beim Zellenleiter und sagte, das sei eine Art Diebstahl, eine Form des Betrugs. Auch die anderen schlossen sich dem Protest an. Darauf tauschten meine drei Gefährten und ich die ungenießbaren Früchte gegen das Obst und die Datteln der Reuigen aus, die noch einigermaßen eßbar waren, und ich erklärte: „Ihr habt kein Recht, die besten Früchte für euch auszulesen. Aber weil ihr das nie lassen könnt, dürft ihr jetzt auch einmal verfaultes Obst essen, damit ihr wißt, wie das schmeckt."

Wir wußten, daß die Sache bis zum Gefängnisdirektor gehen und uns weitere Verhöre eintragen würde. Um zu verhindern, daß uns das Obst wieder abgenommen würde, gingen wir schnell ans Werk. Wir nahmen das gute Obst, wuschen es gründlich und schenkten einen Teil den anderen, einen Teil verzehrten wir selbst. Der Tag endete mit Gelächter und angeregter Unterhaltung. Nur die Reuigen in der Zelle waren sehr schlecht aufgelegt Wir wußten, daß sie es schon weitergemeldet hatten, und warteten ab, was passieren würde. Als wir gerade die Decken zum Schlafen ausbreiteten, rief mich ein Wärter und brachte mich in ein Zimmer außerhalb der Abteilung, in dem mich Hadschi Scharif empfing. Kaum daß er mich sah, fing er an zu toben und zu fluchen. Ich schaute ihn nur stumm an. Schließlich setzte er sich an den Tisch und sagte: „Du hast den Islam, den Imam, die heiligen Symbole der Islamischen Republik geschmäht, und dafür sollst du bestraft werden. Der Laden in eurer Abteilung gehört der Staatsanwaltschaft, daher gehen alle Schäden und Verluste zu

Lasten der Staatsanwaltschaft. Du hast gesagt, das sei Betrug und Diebstahl , was da geschehe. Mit anderen Worten, der Betreiber des Ladens ist ein Betrüger, ein Dieb! Mit anderen Worten, die Staatsanwaltschaft von Ewin ist ein Betrüger, ein Dieb! Die Staatsanwaltschaft repräsentiert die Islamische Republik. Die Islamische Republik, das ist Imam Chomeini. Und Imam Chomeini ist das Symbol des Islam, sprich der Vertreter Gottes! Du hast nicht ohne Hintergedanken gesprochen, du wolltest damit ..."

Ich unterbrach Hadschi Scharifs Redefluß und schwor Stein und Bein, er möge mir doch glauben, daß ich überhaupt nicht die Absicht gehabt habe, gegen die Staatsanwaltschaft zu reden, ich habe damit nur sagen wollen, daß jeder, der verfaultes Obst verkauft und dafür Geld nimmt, islamisches Recht verletzt, so wie auch ein Dieb oder ein Betrüger im Islam als Rechtsbrecher gelten. Da sprang Hadschi Scharif auf und rief: „Und jetzt wiederholst du die Beleidigung auch noch vor meinem Angesicht?" Hadschi Scharif und der Wärter, der mich hergebracht hatte, berieten sich und verurteilten mich dann zu fünfzehn Peitschenhieben wegen Schmähung der Staatsanwaltschaft und der Heiligen des Islam. Die Hiebe erfolgten sogleich. Nach zwei Stunden in jenem Zimmer kam ich wieder in meine Abteilung zurück.

Als ich den Mitgefangenen am nächsten Morgen schilderte, was passiert war, waren sie recht zufrieden. Einige lächelten sogar, denn sie fanden, daß die Sache noch einmal glimpflich ausgegangen war.

Sie hatten geglaubt, daß meine Strafe für den Protest gegen die verfaulten Früchte viel höher ausfallen würde als fünfzehn Hiebe. An diesem Tag drehten sich die meisten Gespräche der Gefangenen um das Obst und die Datteln, den Laden, meinen Protest und meine Strafe. Als der Laden am Ende der Woche wieder Obst und Datteln geliefert bekam, weigerten sich einige, davon zu kaufen. In der Woche darauf gaben die Gefangenen überhaupt kein Geld mehr für das Obst. Sie sagten: „Erst wollen wir das Obst sehen. Wenn es in Ordnung ist, kaufen wir es." Der Leiter des Ladens und die Reuigen teilten darauf einfach das Obst an alle Zellen aus und erklärten, daß die Gefangenen jeder Zelle gemeinsam für die Bezahlung aufzukommen hätten. Aber außer den Reuigen gab keiner Geld, und es aß auch keiner außer ihnen von den Früchten. Das nächste Mal erklärten die Gefangenen, sie brauchten kein Obst und würden auch keines kaufen. So blieben die Datteln und das Obst einen Tag im Laden liegen, worauf Hadschi Mehdi vor unserer Abteilung eine hochtrabende Rede hielt: Für die Anlieferung und den Kauf dieser Früchte sei ein Vertrag abgeschlossen worden, und die Staatsanwaltschaft habe – stets das das Wohlergehen der Gefangenen im Auge – diesem zugestimmt. Nun könnten die Gefängnisbehörden den Vertrag nicht einfach annullieren. Deshalb müßten wir das Obst und die Datteln für die Dauer des Vertrags auch kaufen. Da protestierten alle zusammen, für faules Obst sei ihnen ihr Geld zu schade. Wieder verteilten die Reuigen die übriggebliebenen und verdorbenen Datteln und Früchte unter den Gefangenen, aber die weigerten sich, dafür Geld herauszurücken.

Darauf ließ Hadschi Mehdi in den Zellen verkünden, wir bräuchten ihnen kein Geld zu geben, sie würden es selbst direkt von dem Geld abziehen, das von den Familien an die Gefangenen geschickt werde. Das taten sie auch. Unter den Gefangenen ging das Gerücht um, Ladschewardi habe mit einigen Obsthändlern aus seiner Verwandtschaft einen Vertrag abgeschlossen, daß sie das in den Lagern verbliebene Obst, das sonst weggeworfen werden müßte, ans Gefängnis liefern sollten, um es so noch zu Geld zu machen. Der Boykott der Gefangenen hatte jedoch Erfolg. Zwei Wochen blieb der Laden geschlossen, und es wurde keine Ware geliefert. Dann wurden wieder Datteln und Obst gebracht, keine gute Qualität, aber immerhin nicht verfault.

Andererseits waren die Gefangenen auch nicht mehr bereit, dem Zellenverantwortlichen das Geld zu geben, nachdem die Pauschalabzüge wieder eingestellt worden waren. Lieber gingen sie selbst ins Geschäft, schauten sich die Kisten mit dem Obst und den Datteln genau an und kauften nur, wenn die Ware nicht verdorben war.

Jedesmal, wenn das Obst kam, bildete sich eine lange Schlange von Käufern vor dem Laden am Ende der Abteilung. Am anderen Ende, beim Eingang, befanden sich Waschbecken und Toiletten, d.h. ein Waschbecken mit zwei Wasserhähnen sowie vier Toiletten – nicht sehr viel für fünfhundert Gefangene! Zum Morgengebet, zum Frühstück, zum Mittag- und zum Abendessen bildete sich deshalb immer eine lange Schlange, manchmal sogar eine Doppelreihe von Wartenden, die sich über den ganzen Flur hinzog.

Einmal begann der Obstladen um 11 Uhr vormittags, seine Früchte zu verkaufen, und es bildete sich eine riesige Schlange, die zweimal den Flur hoch und herunter ging. Von der anderen Seite wuchs die Warteschlange der Toilettengänger von Minute zu Minute an, da sich die Mittagszeit näherte. Fast alle Gefangenen der Abteilung standen in einer der beiden Schlangen. Die Gefängnisbehörden, insbesondere Ladschewardi, konnten solche Schlangen überhaupt nicht leiden. Sie sagten immer: „Wer Schlange steht, ist ein Revolutionsfeind!" Immer wenn Ladschewardi in die Abteilung kam und eine, lange Schlange vor den Toiletten und dem Waschbecken sah, gab er den Wärtern sofort Anweisung, die Gefangenen mit Gewalt in die Zellen zurückzutreiben.

An diesem Tag also herrschte ein großes Chaos. Die Toilettenschlange und die Warteschlange der Käufer kreuzten sich und standen sich gegenseitig im Weg, auf dem Gang sah es eher aus wie bei einem Fest. Man hörte Lachen und Begrüßungen, Witze und spöttische Reden, die Gefangenen sprühten vor Freude und Energie. Jeder suchte nach einer lustigen Bemerkung, immer wieder tauchte da und dort ein besonders treffender oder witziger Satz auf, worauf an diesem Punkt der Warteschlange eine Lachsalve losplatzte, die durch die ganze Abteilung hallte. Viele meinten: „Wäre gar nicht schlecht, wenn der Laden sein Obst jedes Mal um elf Uhr morgens verkauft wurde. Da kann man sich einmal richtig erholen!"

Überhaupt war das Schlangestehen für alle Gefangenen ein Vergnügen. Abgesehen davon, daß sie miteinander reden und lachen konnten, hatte es noch eine Reihe anderer Vorzüge: Zwischen halb elf und zwölf Uhr mußten die Gefangenen nämlich sonst in der Zelle vor dem Fernseher Platz nehmen und den Reden von Beheschti, dem Obersten Richter, von Rafsandschani, von Montazeri, von Ardabili, der Beheschtis Nachfolge angetreten war, und anderen lauschen. Alle waren gezwungen, auf den Fernseher zu schauen und zuzuhören. Das Programm lief täglich, und dieses zwangsverordnete Zuschauen erzeugte bei den Gefangenen eine ohnmächtige Wut, die an den Nerven zerrte. So war das Anstehen vor der Toilette oder dem Laden eine Erlösung von einer Art seelischer Folter, und alle empfanden diese Pause als höchst wohltuend. Wenn jemand vor der Toilettentür es eilig hatte und an die Tür pochte, beschwor ihn der, der drinnen hockte, gewöhnlich lachend: „Bei Gott, gönn' mir doch noch ein paar Augenblicke Ruhe!"

An jenem Tag ging das Obst vorzeitig aus. Als der Händler dies bekannt gab, schlossen sich alle, die nicht drangekommen waren, der Toilettenschlange an. Das Mittagessen begann später als sonst, mittendrein jedoch hörten wir Hadschi Scharif auf dem Gang brüllen: „Alle aus den Zellen raus! Keiner bleibt drin!" Kurz darauf stürmten drei Wärter in unsere Zelle und trieben die Gefangenen mit Gewalt hinaus, keiner durfte dabei irgend etwas mitnehmen, außer den Kleidern, die er anhatte. Auf dem Gang liefen zu beiden Seiten eine Menge Wärter, vielleicht vierzig, auf und ab. Die Gefangenen jeder einzelnen Zelle mußten sich in einer Reihe aufstellen, dann mußten die einzelnen Reihen hinter- oder nebeneinander antreten. Die Abteilungstür, die auf den Hof führte, wurde geöffnet. Nun mußten die Gefangenen alle Kleidungsstücke außer der Unterhose ausziehen. Dann wurden die Gefangenen einer nach dem andern – samt ihren Unterhosen – gefilzt. Die Wärter durchsuchten alle Kleider, selbst die Nähte, gründlich. Jeden, den sie so abgefertigt hatten, schickten sie anschließend in den Hof. Als ich auf den Hof kam, fragte ich jeden, was denn eigentlich los sei, aber keiner wußte etwas. Auch die Reuigen waren tüchtig erschrocken. Es zeigte sich, daß auch sie nicht wußten, was da vor sich ging. Die überraschende Durchsuchung kam für alle völlig unerwartet. Wir waren vier Stunden auf dem Hof, der längste Hofgang, den wir je hatten. Da die Gefangenen dies nicht vorhersehen konnten, hatten sie nicht ausreichend Kleidung an, auch an den Füßen hatten wir nur Pantoffeln. Wir versuchten zwar, mit Rennen, Gymnastik und verschiedenen Übungen der heftigen Kälte zu trotzen, aber nach einiger Zeit zitterten die meisten vor Kälte. Als uns erlaubt wurde, wieder einzutreten, stürmten alle so schnell wie möglich ins Warme.

Drinnen sah es ganz anders aus als sonst. Am Eingang zur Abteilung stand wie ein geschlagener Feldherr Hadschi Scharif und neben ihm, bleich und angsterfüllt, der Verantwortliche für den Laden. Der

Gang war voller Decken und Beutel und den verstreuten Habseligkeiten der Gefangenen, und in den Zellen lag alles durcheinander auf dem Fußboden. Die Beutel mit den Sachen der Gefangenen waren alle ausgeleert, die Kleider von allen waren bunt durcheinander gewürfelt, nichts war mehr an seinem Ort. Es stellte sich heraus, daß sie alle Habseligkeiten der Gefangenen durchsucht hatten.

Jetzt war jeder damit beschäftigt, sein Handtuch, seine Zahnbürste und seine Sachen wiederzufinden. Das Tischtuch, die Gläser, das Brot und das übrige Essen kamen unter den Decken, Beuteln und Kleidungsstücken der Gefangenen zum Vorschein. Allmählich sah es in der Zelle wieder normal aus, jeder steckte die gefundenen Sachen in seinen Beutel, im Gang lagen noch einige Haufen mit Handtüchern, Unterhosen und sonstiger Unterbekleidung, von denen nicht klar war, welchen Besitzern sie gehörten. Auch in der Mitte jeder Zelle lagen noch Zahnbürsten, Handtücher und Unterwäsche aufgehäuft. Diejenigen, die gesund und beherzt genug waren, gingen hinaus auf den Gang, fischten etwas aus den Wäschehaufen heraus und klapperten damit die Zellen ab, das herrenlose Objekt hochhaltend, bis sich der Besitzer gefunden hatte. Manchmal riefen sie dabei zum Spaß: „Falls der Besitzer nicht binnen einer halben Stunde vorstellig wird, wird die Sache versteigert." Andere in den Zellen griffen das Vorbild auf, hoben etwa eine Unterhose auf, zeigten sie mit humoristischen Bemerkungen im Kreise herum und gaben so Anlaß zu manchem Gelächter.

Etwa zwei Stunden später ordnete Hadschi Scharif an, alle sollten im Flur antreten und hören, was er zu sagen habe. Erst sprach der Verantwortliche für den Laden mit zitternder Stimme:

„Als heute das Obst ausging, habe ich das Geld zusammengezählt, es ins Geldkässchen gelegt, die Kasse verschlossen und den Schlüssel in die Tasche gesteckt. Dann war ich damit beschäftigt, den Laden zu putzen. Als ich fertig war, merkte ich, daß die Kasse nicht mehr im Laden war. Irgendwer von euch muß sie mitgenommen haben."

Ein Murmeln ging durch die Reihen der Gefangenen, bis einer von ihnen sagte: „Erstens habt ihr unsere ganzen Sachen durchsucht. Wenn wir die Kasse mitgenommen hätten, hätte sie sich inzwischen gefunden. Und außerdem habt ihr auch den Schlüssel." Ein anderer meinte: „Eins ist klar. Wir haben die Kasse nicht mitgenommen. Bei dir ist sie auch nicht, dann muß sie ja wohl unsichtbar geworden sein."

Danach hielt Hadschi Scharif eine Rede darüber, was für eine häßliche und böse Sache das Stehlen sei. Er wies auch darauf hin, daß eine der Strafen fürs Stehlen das Amputieren von vier Fingern der Hand sei, mit der der Dieb gestohlen habe. Er empfahl allen, ihm mitzuteilen, wenn sie irgendeine Spur von der Kasse gefunden hätten. Sonst würde die ganze Abteilung, die Reuigen eingeschlossen, bestraft.

Zwei Tage nach diesem Vorfall wurde bekannt, daß ein Wärter die Kasse mitgenommen hatte. Das kam so: Der Verantwortliche für den Laden hatte die Kasse vor der Ladentür hingestellt und mit dem Putzen begonnen. Der für die Abteilung verantwortliche Reuige, ein Gegner des Ladenbetreibers, bemerkte die Kasse vor der Ladentür und besprach sich mit einem Wärter der Abteilung, der Anhänger von Hadschi Mehdi und Ladschewardi und ein Gegner von Hadschi Scharif war. Zu zweit kamen sie zum Schluß, daß der Ladenbetreiber mit dem Geld – dem Eigentum der Staatsanwaltschaft und der Islamischen Republik – nicht sorgsam genug umgehe. Zur Strafe sollte der Wärter daher die Kasse unter seiner Kleidung verstecken und aus der Abteilung herausbringen. Sie vereinbarten, niemandem etwas davon zu sagen, selbst Hadschi Scharif nicht, bis Hadschi Mehdi komme. Als dieser einen Tag später kam, wurde Hadschi Scharif über den Fall aufgeklärt. Darauf ging er zusammen mit dem erwähnten Reuigen von Zelle zu Zelle, wo der dieser den ganzen Hergang erzählen mußte. Zum Abschluß drückte er jedesmal sein Bedauern über seine Tat aus, bat Hadschi Scharif um Verzeihung und versprach, er wolle am Jüngsten Tag sein Fürsprecher sein...

„ICH KENNE IHN NICHT"

Eine halbe Stunde nach meiner Verhaftung wurde ich mit verbunden Augen in eine Zelle gestoßen. Draußen war ein geschäftiges Kommen und Gehen von Pasdaran. Wenn ich meinen Kopf hob, konnte ich unter der Augenbinde durchsehen. Die Wärter, die an der Zellentür vorbeikamen, schimpften, wenn sie es sahen, und befahlen mir, den Kopf stets gesenkt zu halten. Aber meine Neugier war stärker als die Befehle der Wärter. Ich wollte wissen, wo ich war, in welchem Gefängnis. Mit gehobenem Kopf konnte ich mit einiger Mühe das Hin und Her vor der Zelle und die Gesichter der Wärter sehen. Dann kamen hintereinander drei Wärter in meine Zelle. Der, der mir am nächsten war, griff wütend nach meinem Kopf und drückte ihn nach unten. „Das war das letzte Mal, daß du deinen Kopf hochhältst," sagte er, „der Kopf bleibt unten, sonst beugen wir ihn dir mit der Peitsche!" Der neben ihm wollte meinen Namen wissen, während der dritte relativ ruhig fragte: „Wer ist Kawe? Was für Kontakte hattest du zu Kawe?" Ich sagte: „Ich verstehe euch nicht, ich weiß nicht, wer Kawe sein soll." Da rief der mir am nächsten stehende Wärter wütend: „Stell dich nicht so dumm! Glaub bloß nicht, daß du uns noch reinlegen und den großen Helden spielen kannst, die Schahzeit ist vorbei. Du kennst Kawe sehr gut, und bis vor sechs Monaten warst du ständig in Kontakt mit ihm." Der ruhigere von den Dreien fügte hinzu: „Weißt du schon, daß Kawe verhaftet worden ist?" „Wenn ich ihn nicht kenne,

wie soll ich dann wissen, daß er verhaftet wurde?"
erwiderte ich. Der Wärter fuhr fort: „Ich will dir ein
bißchen helfen, du hast schließlich Frau und Kinder. Also: Kawe hat alles gesagt, auch, bis wann er
mit dir in Kontakt stand, und er hat alles über deine politischen Verbindungen aufgeschrieben, alles
– von deiner Freilassung aus dem Schahgefängnis
bis heute. Es ist besser, du gestehst, bevor wir dich
nach Ewin schicken. Dann versprechen wir dir, daß
du bald wieder nach Hause entlassen wirst und ins
normale Leben zurückkehren kannst." Worauf ich
sagte: „Ich kenne wirklich niemanden mit Namen
Kawe, was soll ich dann dazu sagen?" Da fing der
ruhigere Wärter an, eine Rede über die Wahrheitsliebe zu halten, und schloß mit diesen Worten: „Die
Wahrheitsliebe ist der Weg der Rettung." Der mitt-
lere von den dreien meinte noch: „Einmal hatten wir
einen, der war bewaffnet, als wir ihn festnahmen.
Er hat hier gleich alles erzählt, und wir haben ihn
auf der Stelle freigelassen, ohne ihn nach Ewin zu
schicken." Der mir am nächsten stehende warnte
mich: „Glaub bloß nicht, daß sie in Ewin so mit dir
reden wie wir. Dort haben sie tausenderlei Mittel-
chen, dir die Zunge zu lösen, daß du nachher
singst wie eine Nachtigall." Die Wärter stellten
noch eine Menge andere Fragen und nannten noch
einige andere Namen, um von mir zu erfahren, welche Kontakte ich zu diesen Personen hatte. Ich antwortete immer nur, daß ich nicht politisch aktiv gewesen sei und auch keine politischen Kontakte
gehabt habe, und zwar mit niemandem aus meinem
Bekanntenkreis.

Am Abend wurde ich woandershin verlegt. Gegen Mitternacht setzte das Verhör mit voller Härte ein, die Hauptfrage drehte sich immer um Kawe: Wie ich Kawe kennengelernt hätte, was für Kontakte wir miteinander gehabt hätten, in welcher Organisation ich aktiv gewesen sei. Das Verhör streckte sich über drei Nächte hin – einige Fragen, Peitschenhiebe, wieder die gleichen Fragen und wieder Hiebe. Die schlimmste Art war die: auf ein Spezialbett angebunden, so daß mit jedem Schlag der größtmögliche Druck auf die Rückenwirbel ausgeübt wurde. Ein Peitschenhieb dieser Sorte war, als wenn hundert Schläge gleichzeitig auf dem Rücken niedergingen. In der vierten Nacht war ich von den Schlägen so geschwächt, daß ich bewußtlos wurde. Ich kam auf die Notstation. In der nächsten Nacht war ich wieder in Ewin. Im Verhörzimmer empfahl mir erst einer eine Stunde lang, zu sagen, was ich über Kawe wisse. Anschließend legte er mir einen Kugelschreiber und ein Blatt Papier auf die Stuhllehne und sagte, ich solle die darauf stehenden Fragen beantworten. Dann ging er hinaus. Die erste Frage lautete: Schreibe sämtliche politische Aktivitäten auf, die du hattest. Meine Antwort: Ich hatte keine politischen Aktivitäten. Zweite Frage: Mit welcher konterrevolutionären Bande hast du zusammengearbeitet oder in Kontakt gestanden? Meine Antwort: Mit keiner. Ich war überhaupt nicht politisch aktiv. Dritte Frage: Welche Leute aus deiner Bekanntschaft waren politisch aktiv? Meine Antwort: Ich war nicht politisch aktiv und kenne deshalb auch niemanden.

Das waren alle Fragen. Schon spürte ich, wie meine Kräfte erlahmten, ich konnte mich nicht länger auf dem Stuhl halten, so weh tat es mir am ganzen mit Wunden bedeckten Leib, vor allem die Beine ... Ich stürzte zu Boden. Sofort kam jemand ins Verhörzimmer, aber ich konnte ihn nicht erkennen, weil die Augenbinde, die ich zum Schreiben hochgeschoben hatte, heruntergerutscht war. Er fluchte eine Weile und schimpfte: „Was hast du denn da für Lügen geschrieben? Kawe ist auch hier, und er hat alles gesagt. Wenn ich ihn bringe und dir gegenüberstelle, zeigt sich schnell, was für ein Lügner du bist. Aber es ist besser, wenn du vor der Gegenüberstellung selbst ein Geständnis ablegst." Dann rief er jemanden. Ich wurde in den unteren Stock gebracht, wo ich nach ihrer Sitte mit Peitschenhieben empfangen wurde. Sie schlugen so kräftig, wie es meine Verfassung zuließ, und wiederholten ständig die eine Frage: „Was für Kontakte hattest du zu Kawe?" Nachdem der Verhörbeamte seine Kräfte verausgabt hatte, befahl er einem Wärter, mich in die Zelle 68 zu bringen. Der Wärter schleifte mich wie einen Toten dorthin und stieß mich in die Zelle. Einen Augenblick später nahm mir eine Hand die Augenbinde ab und versuchte, mich zu stützen. Es war ein Mitgefangener. Er meinte: „Vorläufig kannst du beruhigt sein. Bis morgen droht dir erst mal nichts." Während er so redete, fragte er auch, was sie von mir wissen wollten. Ich sagte: „Die ganze Zeit behaupten sie, ich sei mit einem Menschen namens Kawe politisch in Verbindung gestanden, wo ich doch weder politisch war noch einen Kawe kenne." Mein Zellengenosse fragte, mit welcher Organisation mich der Verhörbeamte in Verbindung bringe, und ich erwiderte: „Mit der Organisation soundso, und Kawe soll mein Kontaktmann gewesen sein." Der Mitgefangene meinte: „Ich habe gehört, daß Kawe in dieser Organisation ein führendes Mitglied war und vor ein paar Monaten hingerichtet worden sein soll." Ich entgegnete: „Das wundert mich sehr, Der Verhörbeamte hat nämlich gesagt, daß er mich Kawe morgen gegenüberstellen will. Und jetzt sagst du, daß Kawe hingerichtet wurde." Der Zellenkamerad sagte: „Ich habe es nur gehört, sicher weiß ich es nicht, vielleicht lebt Kawe ja doch noch. Jedenfalls war ich vor einiger Zeit mit einem Gefangenen derselben Organisation in einer Zelle, und er hat mir erzählt, daß Kawe Tag und Nacht verhört wurde und so zugerichtet wurde, daß aus ihm nichts mehr herauszuholen war. Ihm zufolge ist Kawe entweder unter der Folter gestorben oder hingerichtet worden. Der besagte Gefangene hat aus dem Munde seines Verhörbeamten die Nachricht der Hinrichtung vernommen. Ihre Fälle wurden nämlich zusammen bearbeitet."

Die Nacht schlich dahin. Am Morgen wartete ich darauf, zum Verhör, zur Gegenüberstellung mit Kawe gerufen zu werden, obwohl ich nicht wußte, was nun stimmte: ob der Verhörende die Wahrheit sagte, als er mir die Gegenüberstellung ankündigte, oder ob der Zellengenosse Recht hatte, der von Kawes Mitstreiter gehört hatte, daß Kawe hingerichtet worden sei. Jedenfalls wurde ich das Gefühl

nicht los, daß der Verhörbeamte ein Spiel mit mir
trieb. Bei den Verhören, die die Pasdaran vor meiner Verlegung nach Ewin mit mir führten, hatte ich
aus einigen Fragen herausgehört, daß ich aufgrund
von vagen Vermutungen und Äußerungen Dritter
verhaftet worden war. Zum einen unterschieden
sich die schriftlichen Fragen, die mir beim ersten
Verhör vorgelegt worden waren, beträchtlich von jenen, die mir der Verhörbeamte stellte: Während Kawe bei den Schlägen und mündlichen Verhören die
Hauptsache darstellte, um die sich die Fragen drehten, war sein Name bei den schriftlichen Fragen
nicht einmal aufgetaucht. Zum anderen fragte ich
mich auch, wenn Kawe ihnen alles gesagt hätte,
wieso hatten sie ihn dann derart gefoltert? Das hieß
doch, daß er Widerstand geleistet hatte und sie versucht hatten, ihn mit Gewalt zum Sprechen zu bringen. Ich weiß nicht, wie spät es war, jedenfalls noch
nicht Mittag, als die Tür aufging und ein Wärter zu
mir sagte, ich solle die Augenbinde anlegen. Dann
brachte er mich bis zur Tür des Verhörzimmers.
Den ganzen Tag mußte ich mit dem Gesicht zu
Wand und verbundenen Augen warten. In regel-
mäßigen Abständen wurde jemand ins Verhörzimmer geführt und eine Stunde später wieder geholt.
Nur ich saß immer noch da und mußte warten. Bis
schließlich wieder einmal die Tür zum Verhörzimmer aufging und der, der herauskam, auf mich zu-
trat, einen Moment stehen blieb, sich dann bückte
und mich leise fragte, wie ich heiße. Ich nannte meinen Namen. Er brachte mich ins Verhörzimmer und
sagte, ich solle meine Augenbinde abnehmen.

Dann ging er kurz hinaus und brachte noch jemanden mit. Er ließ ihn auf einem Stuhl neben mir Platz
nehmen. Absolute Stille beherrschte den Raum. Ich
schaute meinen Nachbarn an. Er war relativ wohl-
genährt, trug saubere Kleidung und schien von mittlerer Größe.

Er war es, der die Stille brach, indem er mich
beim Namen nannte und fragte, ob ich ihn kenne.
Ich sagte nein, es sei das erste Mal, daß ich ihn sähe.
Darauf er: „Du Lügner! Wir beide waren zur
Schahzeit gemeinsam hier, in Ewin, in der gleichen
Abteilung. Ich kenne dich und deine ganze Verwandtschaft. Ich weiß alles, was du getan hast. Jede Woche habe ich mit Kawe deine Aktivitäten ko-
ordiniert. Ich weiß genau, wieviel Leute du unter dir
hattest, was für eine Funktion und was für Aufga-
ben jeder hatte, ich weiß sogar, an welchen Tagen
du dich mit Kawe getroffen hast. Kawe hat mir alles haarklein erzählt, und er hat es auch vollständig
aufgeschrieben. Dein Widerstand ist zwecklos. Die
Zeit, in der du den Helden spielen konntest, ist vorbei. Schau nur, in was für ein Schlamassel du dich
hineingeritten hast! Wenn du die Wahrheit sagst,
will niemand mehr etwas von dir. Auch Kawe hat
am Anfang den großen Helden markiert, und ich
selbst habe in den ersten paar Tagen viel mehr aus-
gehalten als du, aber wir beide haben unseren Fehler eingesehen und alles bis aufs i-Tüpfelchen gesagt und aufgeschrieben. Jetzt hoffen wir sehr, daß
wir bald freikommen. Denn der Islam bedeutet
Gnade und Barmherzigkeit, und wenn wir aufhören
zu lügen und wirklich in den Schoß des Islam

zurückkehren, wird Imam Chomeini uns auch verzeihen. Gerade du, wo du doch Frau und Kinder hast, kannst um so schneller in den Genuß der Gnade der Islamischen Republik und des Imam kommen."

Da hörte ich die Stimme des Verhörbeamten, der ihm befahl, seine Augenbinde wieder anzulegen und zu gehen. Das tat er auch. Der Verhörende stand jetzt hinter mir und befahl, die Augenbinde ebenfalls wieder anzulegen. Nachdem ich dies getan hatte, fragte er: „So, leugnest du immer noch? Behauptest du immer noch, nie zu Kawe Kontakt gehabt zu haben?" Ich unterbrach ihn: „Ich habe diesen Herrn zum ersten Mal in meinem Leben gesehen, er lügt wirklich." Da fiel mir der Beamte ins Wort: „Er kennt dich und deine Familie und deine ganzen Kontakte zu Kawe. Wie kann es da sein, daß er lügt und du die Wahrheit sagst?" Ich sagte: „Ich war überhaupt nicht politisch aktiv und kenne niemand namens Kawe." Da stieß der Verhörbeamte ein wütendes Gebrüll aus. „Du verstehst nur die Sprache der Peitsche," sagte er und schleifte mich über einen langen Korridor ins untere Stockwerk. Später erfuhr ich, daß dort unten verschiedene Folterkammern existierten und verschiedene Arten und Mittel zu foltern. Ich kam nicht mehr in Zelle 68 zurück. Sieben Tage lang verbrachte ich abwechselnd im Verhörzimmer und im Untergeschoß. Die Fragen waren die gleichen wie vorher und die Antworten auch. Das einzige, was variierte, war die Zahl der Peitschenschläge und die Foltermethoden. Und ständig begleitete mich Kawe.

Erst wollte der Verhörbeamte mich Kawe gegenüberstellen, aber statt Kawe brachte er jemand anders, einen Reuigen. Seit jenem Tag war ich sicher, daß kein Kawe da war, und nahm an, daß er hingerichtet worden war. Aber der Beamte hörte nicht auf, von meiner Gegenüberstellung mit Kawe zu reden. Jeden Tag Verhör, und jeden Tag das Versprechen, mich am nächsten Tag Kawe gegenüberzustellen.

Allmählich verringerte sich die Zahl der Verhöre auf zwei, manchmal drei die Woche. Lange Zeit verbrachte ich in Einzelhaft, in Gedanken stets bei Kawe. Manchmal spürte ich eine unheimliche Angst vor ihm, davor, daß er am Leben sein könnte und der Verhörende mich eines Tages mit ihm konfrontieren würde, und er dann sagen könnte: „Ja, ich kenne ihn."

Manchmal sagte ich zu mir selbst, er lebt sicher nicht mehr, denn wenn er etwas aufgeschrieben hätte, warum liest mir der Verhörbeamte dann nichts davon vor? Manchmal fand ich auch, schon allein die Tatsache, daß sie mich Kawe bis jetzt nicht gegenübergestellt hatten, war Beweis genug, daß der Verhörbeamte log. Dann wurde ich in eine Zelle mit drei anderen verlegt. Von denen hörte ich ebenfalls, daß Kawe hingerichtet worden sei. In dieser Zelle war ich einige Zeit, bis der Verhörbeamte mir eines Tages sagte: „Heute stelle ich dir jemanden gegenüber, da wirst du große Augen machen. Glaub bloß nicht, du könntest uns zum Narren halten. Nimm die Augenbinde ab und schau diese ‚Schwester' an!" Ich blickte auf und entdeckte unter dem

Schleier das Gesicht einer Frau, die früher einmal eine Arbeitskollegin von mir gewesen war. Ich grüßte sie. Die Frau erwiderte meinen Gruß leise. Ich sagte: „Ja, ich kenne diese Dame, wir waren Arbeitskollegen." Der Verhörende fragte: „Ist das alles? Arbeitskollegen?" Ich sagte: „Ja." Er fragte: „Heißt das, daß du von den politischen Aktivitäten dieser Frau nichts weißt?" Ich sagte: „Nein. Es gibt auch keinen Grund dafür, daß ich das wissen sollte." Der Verhörende wandte sich der Frau zu und sprach: „Schwester, berichte nun alles, was du zu dieser Sache auch aufgeschrieben hast."

Sie fing an wie folgt: „Dieser Herr war bei seiner Arbeit sehr gewissenhaft und war mit dem Herzen bei der Sache. Er kam mit allen gut aus, aber ich habe von einem Kollegen gehört, daß dieser Herr Mitglied der Organisation soundso war und auch einige Kollegen in die Organisation eingeführt hat. Wenn es am Arbeitsplatz zu Protesten kam, war der Herr hier stets aktiv dabei. Ich war in einer anderen Gruppe aktiv, die er immer öffentlich verurteilte und als Handlanger der Islamischen Republik bezeichnete. Er hat mir mehrmals gesagt, ich würde mit einer revolutionsfeindlichen Regierung zusammenarbeiten." Weiter ließ sie der Beamte nicht reden. Sie mußte ihre Augenbinde wieder anlegen und gehen. Dann legte der Beamte mir ein Blatt Papier und einen Kugelschreiber auf die Stuhllehne und sagte, ich solle die Fragen beantworten. Es waren die gleichen Fragen wie immer, nur daß sie diesmal mit rotem Kuli geschrieben waren. Ich antwortete gleichfalls wie immer, nicht einen

Buchstabe mehr oder weniger. Als der Verhörende die Antworten gelesen hatte, wurde er äußerst böse. Gnadenlos zog er das Kabel hervor und schlug auf mich ein. Dann brachte er mich einen Stock tiefer. An jenem Tag und noch einige Tage darauf ließen sie mir ihre besondere „Aufmerksamkeit" zuteil werden. Und ständig die gleiche Litanei: Sie würden am nächsten Tag Kawe bringen und ihn mir gegenüberstellen. Nach ein paar Tagen kam ich wieder in Einzelhaft. Zwei Wochen lang hatte ich kein Verhör, dann wurde ich wieder zum Verhörbeamten gebracht. Es war jemand anderes. Dieser hier sprach zwei Stunden lang ganz friedlich und ruhig mit mir. Er machte mich darauf aufmerksam, daß ich am besten die Wahrheit sagen solle, und der Tag verging ohne einen Peitschenhieb.

Dann wurde ich in eine andere Abteilung verlegt. Dort kam ich in eine große Zelle mit über 34 Gefangenen. Die Verhöre gingen in einem Rhythmus von mindestens zwei pro Woche weiter. So vergingen einige Monate. Innerhalb dieser Zeit wurde ich erneut jemandem gegenübergestellt. Er gehörte der gleichen Gruppe an wie jene Frau und behauptete gleichfalls, mich ganz genau zu kennen und mich bei Demonstrationen gegen die Regierung auf dem Universitätsgelände gesehen zu haben. Er behauptete allen Ernstes, daß ich ein aktives Mitglied der Gruppe soundso gewesen sei. Nachdem er weggebracht worden war, begann das grausame Zeremoniell von neuem. Denn ich versicherte, daß das alles Lügen seien und die „Zeugen" nur aus Angst so redeten, um ihren Kopf zu retten, um zu beweisen, daß sie echte Reuige seien. Besonders wütend wurde der Beamte, als ich sagte: „Wenn ihr die Wahrheit sagt, warum holt ihr dann Kawe nicht her? Bringt ihn doch, und ich akzeptiere alles, was er sagt! Wenn Kawe sagt, daß ich, der ich keinerlei politischen Kontakte hatte, doch welche gehabt habe, dann akzeptiere ich's."

Meine Worte brachten mich in die Folterkammer und von dort für eine Woche auf die medizinische Notstation. Aber innerlich war ich stolz und dachte manchmal bei mir: „Kawe, ich verbeuge mich vor dir, alle Hochachtung. Falls sie dich hingerichtet haben, ruhe in Frieden, falls du noch lebst, bleib fest wie ein Fels und halte stand." Nachdem ich einigermaßen wiederhergestellt war, empfand ich die Verlegung in einer Zelle mit über dreißig Gefangenen wie die Ankunft in einer Millionenstadt. Einer der Gefangenen in dieser Zelle wurde nun schon zwei Jahre lang verhört. Die ganze Zeit erzählten ihm die Verhörbeamten, daß sie seinen Leiter verhaftet hätten und sie einander gegenüberstellen würden. Aber dieser Mitgefangene nahm ihnen das ebenfalls nicht ab; er war überzeugt, daß sein Freund bei einem Straßengefecht ums Leben gekommen war. Er hatte das selbst sogar in der Zeitung gelesen. Dieser Häftling sagte mir deshalb: „Laß es dir gesagt sein, diese Typen, die uns verhören, versuchen uns mit allen Tricks reinzulegen, damit sie uns zum Sprechen bringen. Seit zwei Jahren behaupten sie ständig, mich meinem Leiter gegenüberstellen zu wollen, und was ist? – Nichts. Der Arme ist doch schon längst unter der Erde."

Seine Worte gaben mir mächtigen Auftrieb. Jetzt war ich sicher, daß sie nur versuchten, mir Informationen zu entlocken. Eine Zeitlang wurde ich wöchentlich ein- bis zweimal zum Verhör geholt. Dabei wollten sie vor allem wissen, ob ich endlich zur Vernunft gekommen sei; und immer, wenn ich dann anfing zu beteuern, daß ich nicht politisch aktiv gewesen sei, wurde der Beamte fuchsteufelswild und schlug mich mit dem Kabel – etwa zwanzig Hiebe, das war wohl meine Ration. Dann schickte er mich wieder in die Zelle zurück.

Eines Tages, als ich wieder zum Verhör gebracht wurde, bemerkte ich, daß wir in ein anderes Gebäude gingen. Meine Augen waren zwar verbunden, aber ich hatte während meines Aufenthalts in der Notstation die Augenbinde so präpariert, daß ich trotzdem etwas sehen konnte, nicht sehr deutlich, aber doch so, daß ich nun feststellen konnte, daß wir woanders hingingen.

Wir kamen in einen großen Gang eines mehrstöckigen Gebäudes, stiegen die Treppen hoch und erreichten im dritten Stock einen Flur, wo ich mich neben einer Tür mit dem Gesicht zur Wand hinsetzen mußte. Die beiden Wärter, die mich hierher gebracht hatten, gingen. Der Flur war ruhig, aber neben den Türen saßen auf beiden Seiten Gefangene mit verbundenen Augen, das Gesicht zur Wand. Man hörte nicht einmal ihr Atmen, nur ab und zu ein Husten, das die Stille des Flurs unterbrach. Ab und zu kam ein Wärter auf leisen Sohlen den Gang entlang. Neben mir saß ebenfalls ein Gefangener mit dem Gesicht zur Wand, zwischen uns der

Türeingang. Nach einer halben Stunde holten sie ihn herein, wenige Minuten später stießen sie ihn wieder aus dem Zimmer; er stöhnte und klagte. Dann holten sie mich und setzten mich auf einen Stuhl. Einige Augenblicke später merkte ich, wie zwei Personen das Zimmer verließen. Ich sah mich um, unter der Augenbinde hervorschauend – es war niemand im Zimmer. Im Raum standen ein paar Stühle mit Armlehnen sowie ein Tisch mit einem Stuhl dahinter, in jeder Ecke lagen ein paar Kabel. Auf dem Tisch lagen Ordner, Papier und Kulis. Auf dem Boden direkt zu meinen Füßen war frisches Blut auf eingetrockneten Blutflecken. Die Tür ging auf, ich blickte immer noch mit angelegter Augenbinde auf den Boden vor mir. Sie brachten jemanden herein und setzten ihn auf einen Stuhl links von mir. Hinter meinem Kopf vernahm ich die Stimme des Verhörbeamten. Er rief mich auf und sagte, ich solle meine Augenbinde abnehmen. Dann hörte ich, wie er sagte: „Kawe, schau ihn an und sage die Wahrheit!"

Bei diesem Satz blieb mir das Herz fast stehen, mein Atem stockte. Unwillkürlich drehte ich mein Gesicht nach links und schaute ihn an. Er sah aus wie neunzig, nur noch ein Knochengerüst, so saß er da. Aber seine Augen funkelten. Seine Kleidung war zerknittert, schmutzig und blutbefleckt, seine Füße waren verbunden, und das Blut sickerte durch den weißen Verband. Ich musterte ihn von oben bis unten, und jedesmal, wenn sich unsere Blicke trafen, ging mein Herz schneller, ständig ging mir die Frage durch den Kopf, wie es kommen konnte, daß er, der nicht einmal dreißig Jahre alt war, so alt aussah, und die anderen hatten doch gesagt, er sei hingerichtet worden. Seine hageren Finger, sein knöchernes Gesicht, alles erweckte in mir den Eindruck, als hätten sie Kawes Skelett angeschleppt, aber er war noch am Leben, und Kawes Augen leuchteten mir entgegen, einen Moment spürte ich eine Welt der Stille und der Ruhe, die sich jenseits des Leuchtens verbarg. Die wütende Stimme des Verhörenden holte mich wieder zurück. Aufgebracht fuhr er Kawe an: „Bist du stumm geworden? Was schweigst du? Los, sprich endlich!"

Panik erfüllte mich, Angst. Mein Leben hing an einem seidenen Faden. Ein Satz aus Kawes Mund konnte den Faden abschneiden oder mich retten. Da ertönte die vertraute Stimme Kawes, ruhig und sanft sagte er: „Zwanzig Monate lang habt ihr mir ständig das Photo dieses Herrn gezeigt, und jedes Mal habt ihr mich seinetwegen geschlagen, so fest ihr konntet. Habe ich nicht gesagt, daß ich ihn nicht kenne? Aber ihr habt es nicht geglaubt, so glaubt es wenigstens jetzt. Ich kenne ihn nicht!" Kawe verstummte.

Frischer Lebensmut durchströmte mich. Wie gern wäre ich auf Kawe zugegangen und hätte ihn umarmt, wie gern hätte ich etwas für ihn getan. Da hörte ich schon wieder die Stimme des Verhörbeamten. Er rief mich auf und fragte: „Und du, kennst du ihn?"

Während ich innerlich vor Stolz und Freude überschäumte, entgegnete ich seufzend und klagend: „Bruder Beamter, wenn ich ihn kennen würde, hätte ich das gleich am ersten Tag gesagt und nicht dieses ganze Elend über mich ergehen lassen. Glauben Sie mir: Ich sehe diesen alten Mann zum erstenmal in meinem Leben."

Leise verrann die Zeit im Verhörzimmer. Ich blickte auf Kawes verbundene Füße, aus dem Verband tropfte Blut auf den Boden. Der Verhörende befahl mir, die Augenbinde wieder anzulegen und schickte mich aus dem Verhörzimmer. Ein paar Minuten später brachte mich ein Wärter in meine Abteilung zurück. Als die Mitgefangenen vom Verlauf meiner Gegenüberstellung mit Kawe erfuhren, trat tiefe Stille ein.

Im Jahre 1988 – ich war inzwischen nicht mehr im Gefängnis – saß ich eines Nachts im Freien und schaute in das Funkeln und Glitzern der Sterne über mir. Einige von ihnen strahlten besonders hell. Bei ihrem Anblick dachte ich voller Schmerz an Kawe: vor ein paar Tagen hatte ich von seiner Hinrichtung erfahren. Ich weinte.

SAIDS WEG ZUR REUE

Es war an einem Dezembermorgen des Jahres 1984. Zwei Gefangene wurden aufgefordert, ihre Sachen zu packen und mitzukommen. Das konnte ihre Verlegung in eine andere Zelle, in ein anderes Gefängnis oder auch ihre unmittelbar bevorstehende Hinrichtung bedeuten – in seltenen Fällen auch die Freilassung. Keiner von uns vermochte daher das Schicksal der beiden vorherzusagen. Erst einige Monate später erreichte die Nachricht von ihrer Hinrichtung unsere Zelle.

Gegen vier Uhr am Nachmittag des gleichen Tages öffnete sich die Zellentür und drei Personen erschienen, mit angelegter Augenbinde und ihrem Beutel in der Hand. Auf Geheiß des Wärters nahmen sie die Augenbinde ab und traten ein. Hinter ihnen schloß sich die Tür wieder. Wir forderten sie gastfreundlich auf, sich zu setzen, Der Zellenverantwortliche wies ihnen einen Platz für ihre Habseligkeiten zu. Dann begann die Vorstellung. Zwei der Neuankömmlinge waren über dreißig, nur der dritte war noch sehr jung, um die zwanzig. Als er sich vorstellen wollte, zitterte seine Stimme unsicher, er errötete, und aus seinen Augen blickte die Unschuld. Vor neun Monaten war er verhaftet worden. Er kam aus der Provinz, war aber in Teheran festgenommen worden. Er stellte sich als Sa'id vor. Weil er krank war, beschlossen wir, ihm einen Platz in der Ecke der Zelle zu geben, wo er seine Decke neben zwei anderen Kranken ausbreiten und sich hinlegen konnte.

Als es Nacht wurde, legte ich mich – ich war einer der beiden anderen Kranken – zum Schlafen hin. Sa'id legte sich wie abgemacht neben mich und die anderen Kranken. Wegen unserer Krankheit hatten wir drei etwas mehr Platz als die übrigen Gefangenen, denen es nicht so schlecht ging. Vor dem Beginn der Nachtruhe bedrängte mich Sa'id mit lauter Fragen, wieso ich einsaß, wie mein Fall stehe und vieles mehr. Ich antwortete, soweit unumgänglich, mit der „offiziellen" Version, versteht sich. Mir wäre es nie eingefallen, ihn auszufragen. Dann verkündete der Zellenleiter, jetzt sei Nachtruhe, und Sa'id mußte die Fragerei notgedrungen einstellen.

Am frühen Morgen des nächsten Tages wurde Sa'id von einem Wärter aufgerufen und abgeholt. Spät abends brachten sie ihn wieder. Sie hatten ihn übel zugerichtet, und er war ziemlich erschöpft. Er sprach kein Wort, fragte nichts, und so erkundigte ich mich vor dem Schlafengehen teilnahmsvoll: „Heute hast du wohl einiges mitgemacht?" Da kamen ihm die Tränen, und er sagte mit fast weinender Stimme: „Wenn's doch bloß mit diesem Tag erledigt wäre! Ich weiß nicht, was diese elenden Schweine noch von mir wollen." Ich bat ihn, leise zu sein und meinte, Kraftausdrücke würden das Problem auch nicht lösen. Dann begann wieder die Ruhezeit, aber Sa'id konnte nicht schlafen, mit offenen Augen starrte er an die Decke. Auch ich konnte wegen meiner Krankheit und meinen Schmerzen nicht schlafen. Nun, irgendwie verging die Nacht. Sa'id wurde am frühen Morgen wieder

zum Verhör gerufen. Das ging einige Zeit so weiter. Er wurde fast täglich zum Verhör geholt, ich
kam drei- bis viermal pro Woche dran. Der einzige Tag, an dem gewöhnlich alle Gefangenen in der
Zelle waren und nur höchst selten einer von uns
zum Verhör mußte, war der Freitag (der Gebets-
und Ruhetag). Sa'id hatte sich unterdessen mit allen Zellengenossen angefreundet, er erzählte, lachte, fragte und antwortete, wenn sie ihn fragten, als
hätte er keine Geheimnisse. Ohne Furcht legte er
seine Ansichten dar.

Er war überzeugt, daß er bald hingerichtet würde, und wollte zeigen, daß er davor keine Angst hatte. Manchmal schrie er Parolen gegen Chomeini
und ermutigte die anderen, Widerstand zu leisten
und zu kämpfen. Einige versuchten, ihn etwas in die
Gefängniswirklichkeit einzuführen und ihn zu überzeugen, daß das Verhalten, das er in der Zelle an den
Tag legte, nicht sinnvoll sei. Aber er sagte nur immer: „Wie oft muß ich denn noch zum Verhör? Besser, man wird hingerichtet, dann ist man die ganzen
Verhöre, das ganze Elend endlich los." Mit diesen
Worten endete es jedesmal, wenn er redete. Besser
kurz und schmerzlos, war seine Devise.

Es war ein Freitag, als sich die Gefangenen im
Kreis um Sa'id setzten und sich über alles mögliche
unterhielten. Einer fragte ihn, wie es denn dazu gekommen wäre, daß er in Teheran und nicht in seiner Heimatstadt festgenommen worden war. Sa'id
bat darauf halb zum Spaß, aber doch laut ver-
nehmlich um ein Glas Wasser, damit er nicht mit
trockener Kehle reden müsse. Seine Stimme ließ die

anderen verstummen. Alle schienen interessiert, ihm zuzuhören. Als Sa'id das Wasser getrunken hatte, fing er an: „Alles, was ich jetzt erzähle, weiß der Verhörbeamte auch. Ich habe es auch schon mehrmals von Anfang bis Ende aufgeschrieben, und ich verstehe nicht, warum sie meinen Fall nicht endlich abschließen." Er erzählte weiter: „Ich war in meiner Heimatregion sehr aktiv. In den letzten beiden Klassen der Oberstufe steckte ich bis über beide Ohren in politischen Aktivitäten, deswegen mußte ich jedesmal noch die Nachprüfungen vor Beginn des neuen Schuljahrs machen, um versetzt zu werden. Ich war der Leiter der Schülerorganisation in meinem Bezirk, und so war ich die ganze Zeit unterwegs. Beim Flugblattverteilen, beim Zeitungsvertrieb, bei der Diskussion und Analyse politischer Aufsätze, bis hin zur Organisierung von Kundgebungen und der Ausbildung an Waffen – überall war ich dabei, sonst lief die Arbeit nicht richtig. Mein Vater hatte einen Kebapladen in meiner Heimatstadt, so daß mich alle Welt kannte. Als dann die Razzien und Verhaftungen begannen, konnte ich deshalb überhaupt nicht auf die Straße und versteckte mich in der Wohnung meiner Schwester. Da erfuhr ich, daß die Pasdaran unser ganzes Haus auf den Kopf gestellt und meinen Vater aufs ‚Komitee' mitgenommen hatten. Darauf wechselte ich ins Haus meines Onkels über, das in einem riesigen Obstgarten lag. Ich hoffte, durch den Obstgarten fliehen zu können, falls die Pasdaran anrückten. Es vergingen nur wenige Tage, als auch die Wohnung meiner Schwester und meiner Tante durchstöbert wurde, um mich zu finden. Damit war klar, daß ich bei meinen Familienangehörigen nirgends sicher war.

In der Nähe meiner Heimatstadt lag ein größeres Dorf, in dem entfernte Verwandte von uns lebten; sie besaßen auch einen Obstgarten und Felder. Eines Nachts verließ ich daher das Haus meines Onkels und erreichte nach zwei Stunden jenes Dorf. Die Verwandten waren ganz verdutzt, als sie mich sahen. Sie nahmen mich in ihrem Haus auf, aber nach zehn Tagen wollten sie mich nicht länger da haben. Zwischenzeitlich hatte ich wieder den Kontakt zu meiner Organisation hergestellt, mit deren Hilfe ich schließlich nach Teheran gelangte. Dort wurde ich einer bewaffneten Gruppe zugeteilt. Wir waren drei Personen, jeder trug eine Waffe. Es war unsere Aufgabe, die Wege von Repräsentanten des Regimes auszukundschaften. Bei unseren Erkundungsfahrten hatten wir immer Waffen und eine Zyanidkapsel dabei; wir fuhren stets zu zweit, auf dem Motorrad. Einmal brachen wir wieder zu so einer Fahrt auf. Es wurde schon dunkel, und wir fuhren durch die ‚Straße der Luftstreitkräfte‘, als wir bemerkten, daß wir verfolgt wurden. Ich saß auf dem Beifahrersitz, mein Freund lenkte. Der hatte was drauf! Wir legten uns in die Kurven, die Flucht ging los. Wegen des starken Verkehrs konnten wir uns jedoch nicht so frei bewegen, unsere Verfolger – es waren vier – hatten zwei Motorräder, und so mußte mein Freund notgedrungen in einem günstigen Moment auf den Bürgersteig ausweichen, in der Hoffnung in eine Seitenstraße einbiegen zu können. Gerade als wir die Ecke erreichten, hörten wir Schüsse. Ich zog meine Waffe, mein Freund stieß einen lauten Schrei aus und das Motorrad prallte gegen einen Baum.

Wir wurden beide in den Straßengraben zwischen Fußgängerweg und Straße geschleudert. Im Halbdunkel sahen wir mehrere Personen in unsere Richtung laufen. Ich stand rasch auf und half meinem Freund, unser Ziel war die Seitenstraße. Noch bevor wir eingebogen waren, trafen ihn zwei weitere Schüsse. Er fiel hin, ich bog um die Ecke. Ich hatte keine Waffe mehr. Beim Sturzflug in den Straßengraben mußte ich sie verloren haben, jedenfalls konnte ich sie nicht mehr finden. Ich wollte so schnell wie möglich weg, da spürte ich einen stechenden Schmerz im Fuß – ein Schuß hatte getroffen. Ich lief weiter, aber nach zehn Schritten fiel ich hin. Schnell schluckte ich die Zyanidkapsel, die ich bei mir hatte. Ich stand wieder auf, aber es war keine Rettung in Sicht. Aus meinem Schuh floß Blut. Ich wollte weiterhinken, da standen die Pasdaran schon vor mir. Sie tasteten meinen Körper ab und durchsuchten meine Kleidung. Dann packten sie mich zu mehreren und brachten mich rasch zur Fahrbahn. Wir stiegen in ein bereitstehendes Auto. Mit heulender Sirene fuhr es los. Ich spürte, wie das Zyanid zu wirken begann. Es vergingen nur wenige Minuten, bis sie mich ins Krankenhaus gebracht hatten. Einige Personen verarzteten meinen angeschossenen Fuß, andere gingen daran, meinen Magen zu spülen. Wenn ich's doch bloß nicht überlebt hätte, besser, ich wäre auf der Stelle gestorben!

Aber irgendwie müssen sie mitgekriegt haben, daß ich Zyanid geschluckt hatte, und sie unternahmen alles, um mich am Leben zu erhalten. Natürlich nicht aus Menschenliebe, aber die Informationen, die ich hatte, waren für sie wichtig, und so entrissen sie mich dem Tod aus purem Eigennutz. Noch am gleichen Abend wurde ich ins Ewin-Gefängnis verlegt, und sogleich fingen die Verhöre an. Jetzt bin ich schon neun Monate in Ewin, hundertmal bin ich gestorben, hundertmal wieder ins Leben zurückgeholt worden, aber sie lassen nicht von mir ab." Als er an dieser Stelle angelangt war, hörte man plötzlich ein großes Geschrei auf dem Gang. Es waren Wärter, die Parolen riefen: „Tod für Saddam", „Tod den Heuchlern" (gemeint sind die Modschahedin) , „Tod den Kommunisten", „Tod für Amerika" hallte es ohrenbetäubend durch den Gang. Sie öffneten die Zellentüre, stürzten sich, Parolen schreiend, auf die Gefangenen und traktierten sie mit Faustschlägen und Fußtritten. Zwei Wärter waren mit Kabeln bewaffnet und schlugen alle, die gerade in ihrer Nähe waren. Keiner wußte, warum; einige jammerten unter den Schlägen, während die Wärter weiterprügelten, üble Beschimpfungen ausstießen und Parolen dazu brüllten. Jeder von uns kriegte seine Ration ab, der eine in Form von Hieben und Tritten, der andere mit dem Kabel. Dann knallten die Wärter die Tür wieder zu und gingen. Am nächsten Tag mußten besonders viele zum Verhör: gleich 18 wurden abgeholt. Ein paar Tage später war Besuchstag, auch Sa'id bekam Besuch. Freudestrahlend und glücklich kam er zurück. Er erklärte, wieso seine Mutter allein zu Besuch gekommen war und sein Vater nicht mitkommen konnte, dann sagte er: „Mitten im Gespräch hat mich meine Mutter auch zu den Verhören gefragt und wollte Näheres wissen. Es war nicht genug Zeit, ihr alles zu erklären, aber ich war noch beim Erzählen, als ihr die Tränen kamen und sie mich bat: ‚Liebster Sa'id, versprich mir, daß du uns keine Schande machst. Du weißt, jeder kennt deinen Vater als einen, der allen hilft und sich für die Schwachen einsetzt, bis jetzt haben wir nie einem anderen ein Leid getan. Tu, was du kannst, damit unser Ruf nicht ruiniert wird. Tu bitte bloß nichts, was deine ganzen Freunde ins Gefängnis bringen könnte. Es ist besser, nur eine Minute zu leben und seine Ehre zu wahren, als 100 Jahre und dabei einem andern zu schaden'.“

Zwei Wochen nach diesem Besuch wurde unsere Abteilung zur offenen Abteilung, alle Zellentüren wurden aufgeschlossen, jeder konnte sich frei auf dem Flur bewegen, und auch der Hofgang wurde verlängert. Die Gefangenen, die einander schon vorher in anderen Zellen begegnet waren, trafen sich vorsichtig und fragten sich gegenseitig nach dem Stand der Dinge. Die Reuigen in der Abteilung waren schnell erkannt, denn die einen waren fürs Essen, die anderen fürs Bad, die Toilette oder anderes verantwortlich. Es gab auch getarnte Reuige, aber diejenigen, die sie kannten, warnten die anderen per Mundpropaganda. Dann wurden die Gefangenen abwechselnd von einer Zelle in die andere umverlegt. Sa'id kam ebenfalls in eine andere.

Von da an sah man ihn nie mehr allein, nicht auf dem Flur, nicht beim Hofgang, nicht in der Zelle. Immer waren ein oder zwei Gefangene mit ihm ins Gespräch verwickelt. Es waren ausnahmslos Reuige. Eines Tages, als in der Toilette im Hof einige Gefangene beim Wäschewaschen waren, darunter auch ich, kam Sa'id und stellte sich an, um zu warten, bis eine Waschschüssel frei wurde. Ich rief ihn zu mir. Er kam und setzte sich. Ich fragte ihn „Was gibt's Neues, Sa'id? Du scheinst ziemlich beschäftigt." Er sagte: „Sie haben mich richtig eingekreist. Zum einen muß ich fast täglich zum Verhör, zum andern lassen mich diese Reuigen keinen Moment in Ruhe. Ständig diskutieren sie und wollen mir beweisen, daß unser Weg der falsche ist, daß die Regierung recht hat, daß Chomeini recht hat. Und auch beim Verhör geht es so: Seit einiger Zeit redet der Verhörbeamte nur noch. Sie haben mir Bedenkzeit gegeben und gesagt, wenn ich Reue zeige, wird meine Hinrichtung in lebenslänglich umgewandelt. Manchmal brummt mir der Schädel von dem ganzen Geschwätz der Reuigen. Sie sind alle aus meiner Organisation. Einige hatten sogar sehr hohe Funktionen, sie wissen eine Menge, sind belesen ... Und seit ein paar Tagen drängt der Verhörende darauf, daß ich mit ihm diskutiere. Zuerst blieb ich stumm und hörte nur zu. Er drohte mehrfach, wenn ich nicht rede und mitdiskutiere, würden sie mich schlagen. Und schon zückte er wieder das Kabel und schlug mich. Ich sah, es war besser zu reden, als mit dem Kabel verprügelt zu werden. So diskutierte ich von elf Uhr morgens bis sechs

Uhr abends mit ihm. Ich fühlte mich ganz elend von dem vielen Gerede. Beim Verhör – Diskussion, in der Zelle – Diskussion, seit neuestem diskutiere ich schon im Traum mit mir."

Inzwischen hatte ich meine Wäsche gewaschen. Ich gab Sa'id die Schüssel und ging. Dieses Einreden auf Sa'id dauerte etwa zwei Wochen an, als ihn die Reuigen plötzlich allein ließen und den Kontakt abbrachen. Dafür hatte er nun täglich Verhör. Um sechs Uhr morgens holten sie ihn, um ihn meist erst um acht oder neun Uhr abends wiederzubringen. Man sah ihm an, daß er eine sehr schlimme Zeit durchmachte. Einige Gefangenen zögerten, mit ihm in Kontakt zu treten, aber ein paar halfen ihm doch und versuchten, eine freundschaftliche Beziehung zu ihm aufrecht zu erhalten. Durch sie wurde auch bekannt, daß Sa'id, wenn er zum Verhör gebracht wurde, zuerst mehrere Stunden mit einem Gefangenen diskutieren mußte, der in Sa'ids Organisation sein verantwortlicher Leiter gewesen war und im Gefängnis „bereut" hatte. Nach diesen Diskussionen wurde er regelmäßig gefragt, ob er wirklich nichts zu sagen habe, und sowohl der Verhörende wie Sa'ids früherer Leiter fielen über ihn her, mit Fausthieben und Fußtritten, sie schlugen ihn mit dem Kabel, mit Stühlen, mit allem, was gerade zur Hand war.

Sa'id wurde von Tag zu Tag schwächer und hilfloser. Die paar, die ihm immer geholfen hatten und sich mit ihm unterhielten, wurden zum Verhör geholt und derart gründlich ins Gebet genommen, daß sie sich nicht mehr in seine Nähe wagten. Drei Wochen lang war Sa'id in der Abteilung mutterseelenallein. Er suchte auch selbst keine Kontakte mehr, aber täglich mußte er zum Verhör. Dann begannen wieder ein paar Reuige, vor allem der von der Gefängnisleitung für unsere Abteilung bestimmte Verantwortliche, mit Sa'id zu reden. Ständig wurde er zum Arzt gebracht, laufend wurde er ins Kulturzimmer der Abteilung gerufen, und seine Verhöre hörten weitgehend auf.

Morgens wurde auf dem Flur immer das Gemeinschaftsgebet aufgesagt, die Teilnahme war Pflicht. Die Organisatoren dieser Gemeinschaftsgebete waren die Reuigen und die Wärter. Vor dem Gemeinschaftsgebet wurde stets der Koran gelesen, und ein Geistlicher hielt eine Rede. Eines Tages, als die Gefangenen sich zum Gemeinschaftsgebet richteten, verbreitete sich wie ein Lauffeuer die Nachricht, daß Sa'id an diesem Tag den Koran lesen werde. Einer, der Sa'id oft geholfen hatte, sagte zu mir: „Das ist der erste Schritt in den Abgrund!" An jenem Tag also las Sa'id vor den in bedrücktes Schweigen versunkenen Gefangenen mit zitternder Stimme aus dem Koran. Dann hielt der Geistliche seine Rede, dann wurde das Gemeinschaftsgebet verlesen. Anfänglich las Sa'id in Abständen von mehreren Tagen vor dem Gemeinschaftsgebet aus dem Koran. Nach und nach wurde daraus eine tägliche Lesung, und das Zittern seiner Stimme nahm von Mal zu Mal ab. Einige Reuige wurden täglich abgeholt, um draußen auf dem Bau zu arbeiten. Sie bekamen kein Geld dafür, denn sie waren überzeugt, daß sie so viele Sünden auf sich geladen hatten, daß sie nie genug für die Islamische Republik tun könnten, um ihre Sünden reinzuwaschen; daß sie könnten diese Last höchstens verringern. In dem Maß, wie es Sa'id gesundheitlich wieder besser ging, kam auch er zu den Bauarbeiten.

Eines Tages mußten die Gefangenen eine Stunde vor dem üblichen Mittagsgebet zusammenkommen. Es wurde bekanntgegeben, daß Sa'id vor dem Mittagsgebet etwas sagen wolle. Die Wärter stellten in der Mitte des Gangs einen Tisch auf, und die Gefangenen mußten sich auf dem Flur hinsetzen. Dann kam Sa'id und ging an den Tisch. Er war ganz bleich und senkte den Kopf. Ein Wärter schaltete das Mikrophon ein und befestigte es vor Sa'id. Die Reuigen begannen, Segensrufe auf Chomeini und Parolen zu rufen. Der Geistliche kam aus dem Kulturraum und setzte sich neben Sa'id auf einen Stuhl. Die Wärter hatten am Eingang zur Abteilung ihren Platz bezogen und unterstützten die Reuigen im Parolenrufen. Auf ein Zeichen des Geistlichen wurden die Reuigen still. Die Stille wurde von der bebenden Stimme Sa'ids gebrochen. Erst las er ein paar Koranverse. Dann sprach er sehr kurz über seine früheren Aktivitäten, um sich anschließend als Revolutionsfeind zu beschimpfen. Er versuchte zu beweisen, daß das, was er früher getan hatte, falsch gewesen war. Um so länger hielt er sich damit auf, zu bekräftigen, daß Chomeini und die Islamische Republik recht hätten, aber da sagte er uns nichts Neues, das alles hatten wir schon x-mal aus dem Munde der Gefängnisleitung gehört. Zum Schluß bat Sa'id Chomeini, ihm zu verzeihen, und rief:

„Mein Imam, Symbol der göttlichen Barmherzigkeit, liebster Chomeini, nimm meine Reue an! Ich war blind, ich war taub, aber meine Brüder, die Verhörenden, haben meine Ohren, meine Augen geöffnet. Ich möchte in den Schoß des Islam, zum Stammvater Mohammad zurückkehren. Ich war geblendet, liebster Chomeini, vergib mir!" Bei den letzten Sätzen wurde seine Stimme leiser, und er brachte die Worte nur noch weinend hervor. In den folgenden Tagen las Sa'id vor dem Gemeinschaftsgebet stets den Koran, dann sang er den Gebetsruf. Es dauerte nicht lange, und er wurde der Verantwortliche für das Bad in unserer Abteilung. Er teilte die Badezeiten für die Gefangenen ein und achtete darauf, daß alle die Dusche pünktlich frei machten. Manchmal stritt er sich mit den Gefangenen sogar um eine einzelne Minute. Einmal zog er einen älteren, kranken Gefangenen aus der Dusche, und erlaubte ihm nicht, seinen eingeseiften Körper abzuduschen. Der alte Mann sagte ihm, daß er die Erlaubnis habe, sich fünf Minuten zu duschen, und die fünf Minuten seien noch nicht um. Da veranstaltete Sa'id ein großes Geschrei und erklärte, er dürfe nur drei Minuten unter der Dusche bleiben.

Dies spielte sich vor den Augen einiger Mitgefangener ab, die duschten, in der Warteschlange standen. Der alte Mann, der vor Kälte zitterte, wollte unter allen Umständen noch einmal unter die Dusche, aber Sa'id hinderte ihn daran und sagte ihm, er solle die Seife mit dem Handtuch abwischen und sich anziehen. Da mischten sich die anderen Gefangenen ein und boten Sa'id an, ihre Duschzeit etwas zu kürzen, damit sich der Mann dafür abwaschen könne. Die Gefangenen drängten, aber Sa'id blieb stur. Wütend meinte darauf der alte Mann, an Sa'id gewandt, daß man von einem Reuigen nichts Besseres erwarten könne: „Wer einmal ‚bereut' hat, der kann ja nichts anderes als Menschen schinden und den Wärtern in den Hintern kriechen." Sa'id fuhr wütend auf, wie von der Tarantel gestochen. Er stürzte sich auf den alten Mann, und unter Flüchen und Verwünschungen schlug er ihm kräftig mit der Faust ins Gesicht. Der Mann fiel hin. Schnell stellten sich die anderen Gefangenen dicht vor Sa'id, um ihn von weiteren Angriffen abzuhalten. Zwei weitere halfen dem alten Mann wieder auf die Beine. Der Schlag hatte wohl weniger Schaden angerichtet als zu befürchten war, nur weh tat es. Die Gefangenen brachten ihn erneut unter die Dusche und halfen ihm beim Abduschen. Sa'id wollte sofort in die Dusche und den Mann herausholen, aber die Gefangenen ließen ihn nicht hinein und protestierten gegen sein Vorgehen. Er hatte die Lage nicht mehr unter Kontrolle. Nicht wissend, was er tun sollte, fluchte er nur und verließ das Bad.

Wenige Minuten später kehrte er mit dem Verantwortlichen der Abteilung, einem berüchtigten Reuigen, zurück und betrat das Bad. Der ältere Gefangene war nicht mehr unter der Dusche und wollte sich gerade anziehen. Die anderen, die in der Wartereihe gestanden hatten und helfend eingegriffen hatten, waren inzwischen selbst beim Duschen. Da brüllte der Hauptverantwortliche los, alle sollten sich in einer Minute anziehen und das Bad räumen, sonst dürften sie einen Monat lang nicht mehr ins Bad. Unter den Gefangenen erhob sich allgemeines Protestgeschrei, erst recht von denen, die unter der Dusche standen. „Wir bleiben solange unter der Dusche, wie es erlaubt ist", verkündeten sie, schließlich hätten sie vor zwei Wochen zum letzten Mal duschen dürfen. Darauf flüsterten Sa'id und der Verantwortliche miteinander. Sa'id blieb im Baderaum stehen, während der andere ging. Es waren kaum drei Minuten vergangen, als vier mit Kabeln bewaffnete Wärter ins Bad gestürmt kamen und auf alle Gefangenen Kabeln einschlugen. Diejenigen, die unter der Dusche standen, wurden herausgepeitscht und gezwungen, sich anzuziehen. Nachdem sich alle rasch die Kleider übergeworfen hatten, sagte einer der Wärter: „Ihr bekommt für einen Monat Duschverbot, weil ihr gegen die Islamische Republik agitiert habt." Darauf zogen die Wärter ab, wir packten unsere Sachen zusammen und gingen in unsere Zelle. Die Nachricht von dem Vorfall verbreitete sich rasch in der ganzen Abteilung.

In den folgenden Tagen veränderte Sa'id sich immer schneller. Beim Duschen durfte er zwar nicht mehr die Aufsicht führen, statt dessen mischte er sich auf dem Flur und beim Hofgang ständig unter die Mitgefangenen, und wenn er irgendwo zwei Gefangene zusammen sitzen und leise miteinander reden sah, versuchte er immer, sich neben sie zu setzen. Aber sobald die Gefangenen ihn in ihrer Nähe sahen, verstummten sie. Wann immer ein Neuer in die Abteilung kam, wurde er von Sa'id belagert, der ihn mit Drohungen und vielen Worten zur „Reue" zu bewegen versuchte. Die jüngeren Gefangenen bekamen eine mächtige Wut auf ihn und ließen manche abfällige Bemerkung über ihn fallen. Das brachte ihn dann nur noch mehr in Rage.

Eines Tages gab der Verantwortliche der Abteilung bekannt, daß jeder, der zum Freitagsgebet in der Universität Teheran mitkommen wolle, ins Kulturzimmer kommen solle. Außer den Reuigen ging niemand hin.

Am folgenden Freitag brach Sa'id zusammen mit den anderen Reuigen zum Freitagsgebet an der Universität auf. Am Samstag hielt er dann zum Mittagsgebet eine lange Rede, in der er Chomeini als Imam des Volkes pries und die Gefangenen und alle „Konterrevolutionäre" mit Schmähungen überhäufte.

Dann verschwand Sa'id zwei Wochen lang von der Bildfläche, keiner wußte, wo er steckte. Als ihn die Wärter wieder in unsere Abteilung brachten, lüftete sich das Geheimnis seiner Abwesenheit allmählich. Es kam heraus, daß sie Sa'id in seine Heimat gebracht hatten, um dort Mitglieder seiner Organisation zu enttarnen.

Etwa einen Monat später wurde einer in unsere Abteilung gebracht und in unserer Zelle einquartiert. Die ersten ein, zwei Tage sagte er überhaupt nichts, ganz still saß er da. Ganz allmählich begann er zu reden, und es stellte sich heraus, daß gerade ein Monat seit seiner Verhaftung vergangen war. Einmal fragte er die Gefangenen, ob Sa'id Verhörbeamter sei oder Gefangener. „Was meinst du damit?" wollte einer wissen. Der Neuankömmling sagte: „Ich dachte, er sei ein Verhörbeamter, weil er mich schon mehrmals beim Verhör ausgefragt hat und mich einmal auch gründlich mit dem Kabel verdroschen hat." Die Gefangenen sahen sich vielsagend an. Ein paar Augenblicke lang herrschte Stille. Dann sagte einer leise: „Sa'id ist ein Reuiger geworden." Ein anderer fügte hinzu: „Er ist ein Menschenverkäufer geworden." Wieder ein anderer meinte, während er sich erhob: „Sa'id ist einer von jenen Hundertfünzigprozentigen geworden, seine Reue kennt keine Gnade."

Die Gefangenen, die eben noch um den Neuankömmling gesessen hatten, verzogen sich schweigend und bedrückt in eine Ecke der Zelle und verloren sich in die Welt ihrer Gedanken.

BOMBENANGRIFFE

Am Nachmittag kam Ali vom Verhör zurück, unter dem rechten Auge einen blauen Fleck. Abends konnte er überhaupt nichts essen. Als er dann vor dem Schlafengehen die Unterwäsche wechselte, entdeckte ich lauter Striemen auf seinem Rücken. Ali konnte wie ich vor Schmerzen nicht schlafen. Aber wir durften weder miteinander reden noch uns aufsetzen und mußten liegenbleiben. Auch einige andere Mitgefangene konnten nicht einschlafen – meist starrten wir an die Zellendecke. Manchmal, wenn unsere Blicke sich trafen, huschte ein Lächeln über unsere Gesichter.

Plötzlich, gegen zwei Uhr nachts, riß eine Explosion alle Gefangenen aus dem Schlaf. Die Zelle bebte, die Wände schienen zu wackeln. Aus allen Zellen stürzten die Gefangenen auf den Gang. Jeder rief: „Macht das Licht aus! Macht das Licht aus!" Eine weitere Explosion erschütterte erneut die ganze Abteilung. Manche riefen noch immer: „Macht das Licht aus!", andere weinten. Einige schienen ganz von Sinnen, anderen hatte es die Sprache verschlagen, während manche zu beten begannen. Keiner war in der Lage, ruhig in seiner Zelle zu bleiben. Eine größere Anzahl Gefangene ging aufgeregt den Gang auf und ab, sie schimpften in ihrer Wut lauthals auf die Regierung. Da ertönten von fern die Alarmsirenen. Das machte einige nur noch wütender. Sie lachten höhnisch und spotteten; einer rief sarkastisch: „Tja, die Bombenangriffe sind wohl vorbei. Wenn die Alarmsirenen ertönen, heißt das, die irakischen Bomber waren schon da und haben ihre Bomben abgeworfen. Es ist immer das gleiche: Die wackeren Hüter der Islamischen Republik bemerken die irakischen Flugzeuge immer erst beim Rückflug." Das Sirenengeheul verstummte. Etwas später ertönte die Entwarnung.

Sadek stand gerade vor seiner Zellentür – umringt von den Mitgefangenen – und sagte: „Glaubt mir, das ist ja nun offensichtlich, daß die Islamische Republik die Lichter im Gefängnis mit Absicht brennen läßt. Als der Städtekrieg (zwischen dem Iran und dem Irak) anfing, war ich noch in Freiheit. Zu der Zeit war ich einige Nächte bis in die Morgenstunden mit dem Auto unterwegs. Im Stadtteil Dschamaran, wo Chomeini wohnt, war es gleich in der ersten Angriffsnacht stockdunkel. In allen Vierteln, in denen die werten Führer der Republik residieren, war es die ganze Nacht dunkel. Dafür waren die Straßenlaternen in den Stadtvierteln der Armen bis zum Morgen eingeschaltet. Das Leben der Bevölkerung, das Leben der Menschen ist weder der irakischen Regierung noch der islamischen Republik einen Pfifferling wert, wenn sie es so leichtfertig aufs Spiel setzen. Was mit uns, den Gefangenen, geschehen soll, ist klar. Wißt ihr, wieso die Gefängnislichter nicht gelöscht werden? Genau! Damit die Bomber das Gefängnis leichter treffen! Und was passiert, wenn ein Gefängnis wie Ewin mit zehntausend Gefangenen, die wie Schafe in die Zellen eingepfercht sind und nicht das geringste Schlupfloch haben, getroffen wird, könnt ihr euch denken. Die Hälfte stirbt sicher, die übrigen werden es kaum heil überleben: lahm, blind und verkrüppelt werden wir sein. Dann wird die Islamische Republik in die Welt hinausposaunen, daß der Irak die Gefangenen bombardiert habe, und sich gleichzeitig klammheimlich die Hände reiben, ihre Gegner mit Hilfe eines Dritten vernichtet zu haben."

Sadek wollte noch weiterreden, als vor der Tür zu unserer Abteilung die Wärter auftauchten. Wie ein Rudel reißender Wölfe stürzten sie herein und brachen in wütendes Geheul aus. Einer brüllte uns an: „Was habt ihr hier draußen auf dem Gang zu suchen?" Ein zweiter: „Wieso habt ihr die Zellen zu dieser Nachtzeit verlassen?" Und ein dritter rief unter unflätigen Beschimpfungen: „Wieso seid ihr aufgestanden und habt die Nachtruhe gebrochen?" „Das ist eine Verschwörung gegen die Islamische Republik, ihr seid allesamt Revolutionsfeinde! Das ist Meuterei, eine grobe Mißachtung der Gefängnisordnung. Man sollte euch alle erschießen!" schrie ein vierter. Mit diesen Worten stürzten sie sich auf die Gefangenen und schlugen jeden, der gerade in Reichweite war. Die Gefangenen räumten schleunigst das Feld und verschwanden in den Zellen. Nun begannen die Wärter, sich jede einzelne Zelle vorzunehmen. Zu mehreren kamen sie herein und schlugen alle, die Reuigen eingeschlossen, mit Fäusten und Fußtritten. Dann war die nächste Zelle dran. Als sie Sadeks Zelle stürmten, protestierte Sadek energisch. „Wieso prügelt ihr uns?" fragte er, „selbst die Tiere im Stall versuchen, aus dem Stall zu fliehen, wenn sie eine Gefahr spüren. Und ihr habt sowieso alles abgeschlossen, wie hätten wir da fliehen können?" Auch in den anderen Zellen regte sich mehr oder minder starker Protest. Aber als der Überfall auf die Zellen beendet war, wurden die Protestierenden, darunter auch Sadek, aus der Abteilung geholt. Als wir nach dem Frühstück am nächsten Morgen auf den Flur gingen, wurden Sadek und die anderen gerade wieder zurückgebracht; man hatte sie brutal zusammengeschlagen.

Wo die Bomben in der vorigen Nacht eingeschlagen hatten, wußte keiner genau, jeder vertrat eine andere Meinung. Einige sagten, in Ewin, andere, in Dschamaran, dem Viertel, in dem Chomeini lebte, aber alle waren sich einig, daß es im Gefängnis oder in der unmittelbaren Umgebung gewesen sein mußte. Alle waren beunruhigt, besonders die, deren Familien in Teheran lebten. Die aus der Provinz versuchten, die Teheraner zu trösten.

Während des Hofgangs blieb ich aufgrund meiner schlechten körperlichen Verfassung in der Abteilung und ging auf dem leeren Flur langsam spazieren. Mehrmals kam ich an Sadeks Zelle vorbei. Er lag in der Zelle unter einer Decke. Ich ging hinein, begrüßte ihn und setzte mich neben ihn. Ein freundschaftliches Lächeln flog über sein Gesicht. Ich fragte ihn, wie es ihm gehe, sein Rücken und seine Füße würden jetzt sicher stark weh tun. Er lachte und sagte: „Ja, weh tut es, aber das war es wert. Wenigstens habe ich den Wärtern etwas von dem sagen können, was ihnen mal gesagt werden mußte. Als die Flugzeuge angriffen, da waren diese Feiglinge wie vom Erdboden verschluckt, und die Lichter haben sie extra angelassen. Als die Flugzeuge weg waren, kamen sie wieder aus ihren Löchern hervor. Und dann meinen sie, sie müßten die Entrüsteten spielen: Wieso die Gefangenen nicht ruhig in ihren Zellen geblieben, sondern auf den Gang gekommen seien! Ist das nicht lächerlich? Da laufen die armen Gefangenen um Mitternacht aus Angst vor den Bomben in einem geschlossenen Raum aufgeregt hin und her, haben den Tod vor Augen und keinen Fluchtweg, und nun kommen diese feigen Pasdaran, die sich während der Bombardierungen in irgendwelche Mauselöcher verkrochen haben, und beschuldigen uns, wir hätten eine Verschwörung gegen die Islamische Republik angezettelt, eine Meuterei im Gefängnis gemacht. Mein Gott! Sich vor den Bomben zu fürchten, aus Angst zu schreien und zu weinen, das heißt dann ‚Meuterei im Gefängnis‘. Diese Menschenfeinde lassen sich jeden Tag etwas Neues einfallen, was noch viel schlimmer ist als hundertmal den Hinrichtungstod sterben, der ist nicht so schmerzhaft. Wenn man zum Exekutionsplatz gebracht wird, geht es noch ein paar Minuten, nachdem die Schüsse gefallen sind. Dann spürt man nichts mehr. Aber so, wie sie mit uns umgehen, das ist kein Leben mehr, das ist der Tod auf Raten, und wir sind ihnen ausgeliefert. Die Islamische Republik kennt keine Gnade, sie macht vor keinem halt, selbst meine alten Eltern, die von meinen politischen Aktivitäten überhaupt keine Ahnung haben, haben sie zum Verhör geschleift und ausgepeitscht, mein achtjähriges Kind haben sie verhaftet. Verhöre und Auspeitschung eines achtjährigen Kindes – das ist die Gnade der Islamischen Republik, die Barmherzigkeit Chomeinis. Und begonnen hat es, weil so ein Hesbollahi, ein Anhänger der „Gottespartei", auf dem örtlichen „Komitee" wegen mir und meinem Bruder rumgeschnüffelt hat. Wir wußten es zwar, aber wir hatten dem keine Bedeutung beigemessen. Wir gingen unserer Arbeit nach und lebten ganz normal weiter. Zu Hause hatten wir nichts, aber auch gar nichts, was gegen die Islamische Republik gerichtet war.

Es war acht Uhr abends, als sie – ohne zu klingeln, ohne anzuklopfen – einfach die Tür aufbrachen und hereinstürmten. Sie trieben uns in einem Zimmer zusammen, wo wir mit erhobenen Händen und dem Gesicht zur Wand stehenbleiben mußten. Meine Eltern, meine Frau und mein Kind weinten, aber die Eindringlinge erlaubten mir und meinem Bruder nicht einmal, die Familie zu beruhigen und zu trösten. Sie stellten das ganze Haus auf den Kopf, jeden Winkel durchwühlten sie drei bis vier Mal. Alles, was wir an Büchern hatten, wanderte in einen Sack, darunter auch einige Bücher von Samad Behrangi, der Kinderbücher geschrieben hatte und vom Schahregime im Arax-Fluß im Norden des Iran ertränkt wurde. Sogar ein gerahmtes Photo von Sa'id Soltanpur, einem Dichter, Schriftsteller und Theaterregisseur, der von der Islamischen Republik hingerichtet wurde, nahmen sie an sich. Ständig kamen sie mit ihrer Beute angelaufen und sagten: „Das hier ist der beste Beweis, daß ihr Revolutionsfeinde seid."

Nachdem sie vom Suchen genug hatten, banden sie meinem Bruder und mir die Hände mit Handschellen auf dem Rücken zusammen. Die Proteste und das Weinen meiner Eltern, meiner Frau und meines Kindes beachteten sie überhaupt nicht. Doch als sie uns beide abführen wollten, stießen sie auf ein Hindernis: Vor unserer Haustür und auf der ganzen Gasse hatten sich unsere Bekannten und Verwandten, die in dieser Gasse wohnten, versammelt. Die Pasdaran wurden blaß, als sie das sahen, obwohl sie mit Maschinengewehren bewaffnet waren. Die Nachbarn und Verwandten protestierten und ließen sie nicht durch. Alle wollten wissen, wieso sie uns verhaftet hätten. Die Pasdaran antworteten darauf, wir seien Revolutionsfeinde, aber die Nachbarschaft aus der ganzen Gasse drängte sich nur noch dichter zusammen und jeder brachte irgendwie seinen Protest zum Ausdruck. Da ertönte es plötzlich aus einem Lautsprecher an der Einfahrt zur Gasse: „Brüder und Schwestern, gebt den Weg frei, gebt den Weg frei, damit wir die verhafteten Rauschgiftschmuggler wegbringen können!" Da riefen meine Eltern und meine Frau: „Ihr Lügner, was heißt hier Rauschgift?" Meine Frau war besonders aufgebracht: „Ist Samad ein Schmuggler, seine Bücher Opium? Ist Soltanpur ein Schmuggler, sein Photo Rauschgift?" schrie sie hinaus. Auch aus der Menge kamen wütende Rufe: „Lüge! Alles Lüge!"

Da ertönten an der Einfahrt Schüsse. Die Pasdaran, die uns umringten, begannen, in die Luft zu schießen, und bahnten sich ihren Weg mit Gewalt.

So brachten sie uns zur Einfahrt. Sie feuerten noch immer in die Luft, als wir ins Polizeiauto einsteigen mußten, um nach Ewin gebracht zu werden.

Sie ersparten uns nichts, alle ihre Gemeinheiten bekamen wir zu spüren. Im ersten Jahr durften wir überhaupt keinen Besuch empfangen. Beim ersten Besuch stellte ich fest, daß sie meinen Vater, meine Mutter, meine Frau und mein Kind ausgepeitscht hatten. Sie wollen uns mit Gewalt zum Geständnis bringen. Wir sollen zugeben, Mitglied in einer politischen Organisation gewesen zu sein. Nach zwei Jahren wurde mein Bruder vor Gericht gestellt und zu acht Jahren verurteilt. Wenige Monate vorher war auch ich vor Gericht gestellt worden, aber was für ein Gericht! Nicht einmal drei Minuten hat die Verhandlung gedauert, vier Jahre habe ich bekommen. Und obwohl wir beide unsere Verhandlung hatten, obwohl sie uns für nichts verurteilt haben, lassen sie uns nicht in Ruhe. Tag für Tag holen sie uns zum Verhör und wollen uns zwingen, ein ‚Interview‘ zu geben, sprich: vor versammelter Mannschaft unsere ‚Sünden‘ zu gestehen und in den Schoß des Islam zurückzukehren. Sie wollen es nicht zulassen, daß wir einfach die Strafe, zu der die sie uns pro forma verurteilt haben, absitzen. Ich werde jedenfalls kein Interview geben, und wenn sie mich an den Galgen bringen. Ich habe meine eigenen Gedanken, und die Gedanken sind frei. Der Verhörbeamte hat mich schon mehrmals darauf angesprochen, aber ich habe ihm jedesmal gesagt, daß ich für ein Interview nicht zu haben bin; trotzdem läßt er nicht locker."

Als Sadek mit dem Erzählen begonnen hatte, waren noch zwei weitere Gefangene in der Zelle. Sie setzten sich zu uns und hörten zu. Als Sadek an dieser Stelle angelangt war, waren wir inzwischen sechs bis acht geworden, die um Sadek herum Platz genommen hatten. Einer von ihnen unterbrach nun Sadeks Rede und sagte: „Jetzt im Ernst, ich wünschte, sie würden mich noch heute hinrichten. Was wir hier durchmachen müssen, ist doch kein Gefängnis mehr. Obwohl ich zu lebenslänglich verurteilt worden bin, lassen sie mich nicht in Ruhe, jeden Tag Verhör, jeden Tag Schläge!"

Die Hofpause war mittlerweile zu Ende, und die Gefangenen würden bald zurückkommen, weshalb ich mich von Sadek verabschiedete und auf den Gang trat, um noch etwas auf und ab zu gehen.

Ein paar Tage später wurden sieben neue Gefangene in unsere Abteilung gebracht. Es wurde sehr schnell bekannt, daß alle sieben hundertfünfzigprozentige Reuige waren. Einige meiner Mitgefangenen hatten sie schon in anderen Abteilungen kennengelernt. Drei der Neuankömmlinge waren Sadeks Zelle zugeteilt worden. Seit ihrer Ankunft waren noch keine zwei Tage vergangen, als zwischen den Gefangenen und den Reuigen in Sadeks Zelle ein heftiger Streit ums Saubermachen, Geschirrspülen und die Badeeinteilung entbrannte. Vor allem hatte Sadek etwas getan, was die Reuigen gleich den Wärtern hinterbrachten und was aus deren Sicht wie auch nach Auffassung der Staatsanwaltschaft verboten war, und das war der eigentliche Grund für die Auseinandersetzung. Es ging um einen Zellengenossen, der noch nie Besuch hatte empfangen dürfen und sich deshalb auch kein Obst kaufen konnte. Die Mitgefangenen steckten ihm meist heimlich Obst und Datteln zu. Sadek konnte diese Heimlichtuerei nicht länger aushalten. So nahm er das Obst und die Datteln, die er gekauft hatte, und teilte sie in zwei Teile. Den einen behielt er für sich, den anderen gab er dem Mitgefangenen. Von den fünfzig Tuman, die er von seiner Familie erhalten hatte, gab er fünfundzwanzig einem anderen Mithäftling, der ebenfalls keine Besuche bekommen durfte. Die Reuigen hatten dies rasch entdeckt und den Wärtern gemeldet.

Die Wärter schickten Sadek darauf zu Hadschi Koddusi, dem Abteilungsleiter. Dieser drohte Sadek mit der Auspeitschung, aber Sadek, der wußte, wer ihn denunziert hatte, fing an, gegen die Reuigen zu protestieren. Hierauf beschimpften ihn die Reuigen äußerst grob und ordinär. Angestiftet von Abteilungsleiter Koddusi fingen die drei Reuigen aus Sadeks Zelle eines Tages Streit mit ihm an. Sie schlugen zu dritt so heftig auf ihn ein, daß sein Gesicht völlig blutverschmiert war. Darauf wurden Sadek und die Reuigen zu Hadschi Koddusi gebracht. Als sie zurückkamen, erzählte Sadek, daß Koddusi die Reuigen in Schutz genommen hatte und daß beschlossen worden sei, alle vier vor Gericht zu stellen. Zwei Tage nach dem Vorfall wurden Sadek und die drei Reuigen zur Gerichtsverhandlung gebracht. Der Schari'a-Richter befand die drei Reuigen für unschuldig und verurteilte Sadek zu dreißig Peitschenhieben. Auf der Schwelle des Gerichtssaals drehte sich Sadek um und sagte zum Richter: „Ich bin zu vier Jahren Gefängnis verurteilt worden. Ich bitte Sie, mich in Einzelhaft zu schicken, wo ich allein bin. Das ist tausendmal besser als mit diesen Reuigen zusammen zu sein, die zu jeder Stunde, zu jeder Minute nur nach Vorwänden suchen, Streit anzufangen und einem auf die Nerven zu gehen." Darauf erwiderte der Richter: „Wir werden dich an einen Ort schicken, wo du für immer von dieser Welt in Ruhe gelassen wirst."

Anfang 1986 hörte ich, daß Sadek ins Gefängnis von Gouhar-Dascht in der Nähe von Karadsch verlegt wurde. 1987 hätte er freigelassen werden müssen, da seine Strafe abgelaufen war. Aber während der Hinrichtungswelle im Jahre 1988 entdeckte ich sowohl Sadeks Namen, der ja zu vier Jahren Gefängnis verurteilt worden war, wie den seines Bruders, der acht Jahre Gefängnis bekommen hatte, auf einer Liste von Hingerichteten. So sind beide als unschuldige Opfer in die Geschichte eingegangen.

VOR GERICHT AUSGEPEITSCHT

Von Statur war er groß und dünn. Für gewöhnlich sprach er ruhig und deutlich. Er war höchstens neunzehn Jahre alt. An den Zellengesprächen und -diskussionen beteiligte er sich nur selten. Er war mehr Ohr als Zunge, um es bildlich auszudrücken. Jeden Morgen, wenn er aufwachte, machte er vor dem Zusammenlegen der Decken gymnastische Übungen: zwei noch im Liegen, zwei weitere im Sitzen und zum Abschluß noch einmal zwei im Stehen. Dann faltete er die Decken zusammen. Wenn dann noch jemand schlief, ging er zu ihm und stupste ihn mit der Fußspitze an: „Wer wird denn jetzt noch schlafen, los, auf, mein Freund!" pflegte er dann in freundlichem Ton zu sagen. Manchmal benutzten auch andere Gefangene diesen Satz, aber dann protestierte Babak sofort lachend, der Satz sei sein Monopol. Die anderen könnten sich ja auch einen Satz ausdenken, um dann Privatansprüche darauf zu erheben. Einmal äußerte einer Babaks Satz aus Jux nachts vor dem Schlafengehen. Da fuhr Babak in die Höhe, nicht mehr in der Lage, die gewohnte Ruhe zu bewahren und meinte zu dem Spötter: „Schau mal, mein Bester, ich habe nie behauptet, daß ich Anspruch auf die einzig seeligmachende Erkenntnis erhebe und die anderen nicht dazu fähig seien. Ich habe nie den Anspruch erhoben, der einzige wahre Kämpfer zu sein, und den anderen etwa das Recht zu kämpfen abgesprochen. Ich habe nie den Anspruch erhoben, nur ich könnte die Zukunft richtig vorhersehen. In dieser großen

Welt habe ich manchmal lediglich diesen Satz be-
nutzt und im Spaß dazu gesagt, das sei mein Monopol. Jetzt habe ich nicht mal das mehr. Wenn
schon, benutz ihn wenigstens richtig, dort, wo er
hingehört, und mach dich nicht darüber lustig."
Dann schwieg Babak. Ein paar andere unterstützten ihn, worauf sich der Gefangene entschuldigte.
Mit einem Anflug von Lächeln auf dem Gesicht
setzte sich Babak wieder hin. Dann brach die
Nachtruhe an, und die Gefangenen verkrochen
sich unter ihren Decken.

Das Leben in der Zelle war so organisiert, daß jeden Tag vier Personen fürs Saubermachen, die Es-
sensausgabe und das Geschirrspülen verantwortlich
waren. Immer, wenn Babak mit drei anderen drankam, wurde die Zelle tipptopp sauber gemacht und
das Geschirr blankpoliert. Wenn Babak dabei war,
mußten die drei anderen tüchtig ran, aber soviel wie
er legte sich keiner ins Zeug. Hie und da pflegte er
seine Gefährten mit kurzen Sätzen anzuspornen,
zum Beispiel: „Jungs, heute haben wir Gäste, die
müssen wir auch gebührend empfangen." Oder er
erschien beim Essen, wenn die anderen schon an-
gcfangen hatten, wie ein Kellner mit einem Handtuch über der Schulter, trat heran und sagte höflich:
„Bitte sehr, genieren Sie sich nicht, bestellen Sie,
was Sie möchten, wir haben Kebap vom Besten,
köstliche Rebhuhnbrust, zartes Wildbret und besonders zu empfehlen – Wasser!" Einige riefen Babak dann zu sich, um unter großem Hallo und
Gelächter ihre Bestellung aufzugeben. Ein Witz-
bold rief Babak stets, wenn er Dienst tat, beim Es-

sen zu sich und erteilte ihm eine Rüge: „Sie sind
doch der Chef heute, und Sie wissen doch, daß ich
mein Leben lang nie etwas anderes gemocht habe
als zartes Rehfilet und Pellkartoffeln. Warum haben
Sie wieder ein Essen aufgetragen, das ich nicht
mag?" Worauf Babak lächelnd antwortete: „Nehmen Sie's heute noch einmal hin, morgen werden
wir es Ihnen lohnen." Zwei Jahre war Babak nun
schon im Gefängnis, davon acht Monate in Einzelhaft, wie er erzählte. Sein linker Fuß war infolge
ständiger täglicher Verhöre derart zugerichtet, daß
er nicht mehr heilte und Babak beim Gehen hink-
te. Babak berichtete, er sei nie politisch aktiv gewesen, habe auch nie mit einer Gruppe in Kontakt
gestanden, man habe ihn auf bloßen Verdacht hin
festgenommen. Die Pasdaran hätten das Haus und
die Tischlerei seines Vaters auf den Kopf gestellt,
aber nichts gefunden. Sie hätten bei allen Nachbarn
Erkundigungen eingezogen. Aber diese hatten für
Babak nur lobende Worte. Eineinhalb Jahre lang
hatte man ihn verhört, aber nun war er schon sechs
Monate lang nicht mehr zum Verhör gerufen worden. Manchmal meinte Babak lachend: „Der Verhörbeamte hat mich wohl vergessen, oder er hat
meine Akte verschlampt."

Eines Tages bekam Babak Besuch. Als er vom
Besucherraum zurückkam, brachte er die Nachricht
mit, daß sein Vater verhaftet worden sei. Eine Woche hätten sie ihn in Ewin festgehalten und ihn täglich verhört. Der Beamte wollte von ihm Informationen über Babak herausbekommen. Auch seine
Mutter sei von den Pasdaran zu Hause verhört wor-

den. Und seine Schwester sei ebenfalls festgenommen und abgeführt worden, keiner wisse, zu welchem „Komitee" oder in welches Gefängnis. Einige Tage, nachdem Babak diesen Besuch erhalten hatte, wurden am frühen Morgen mehrere von uns zum Verhör gerufen, darunter auch Babak. Als er ging, meinten einige noch: „Na, Babak, dein Fall ist wohl in Bewegung gekommen, sicher ist das Verfahren bald abgeschlossen." Als Babak am Nachmittag vom Verhör zurückkam, sagte er freudestrahlend: „Jungs, heute bin ich zum ersten Mal ohne Auspeitschung verhört worden." Dann schilderte er, wie das Verhör gelaufen war.

Beamter: „Nun, Halunke, hast du in den sechs Monaten endlich Vernunft angenommen?" Babak: „Bruder (so ließen sich die Wärter anreden), ich hab doch gar nichts getan, warum schließen Sie meinen Fall nicht ab?" Beamter: „Wieviel seid ihr in der Zelle?" Babak: „Manchmal 34 und manchmal mehr." Beamter: „Wieviele davon bleiben dabei?" Babak: „Wobei?" Beamter: „Tu nicht so dumm, elender Kerl, bei ihrer Überzeugung natürlich! " Babak: „Was weiß ich? Das sagen die mir doch nicht." Beamter: „Aber du kannst es an ihrem Verhalten erkennen." Babak: „Ich hab in der Zelle mit niemandem zu tun und bin auch mit keinem näher befreundet." Beamter: „Willst du hier bleiben, bis du schwarz wirst, oder willst du einmal wieder raus?" Babak: „Raus natürlich, ist doch klar." Beamter: „Dann paß in der Zelle lieber besser auf und hab ein Auge auf die anderen, damit du weißt, wer mit wem zusammen ißt, geht oder redet und worüber sie reden, Je mehr du weißt und mir sagst, einen desto größeren Dienst erweist du dem Islam und um so früher wirst du entlassen. Nächste Woche rufe ich dich wieder. Und daß du mir nicht mit leeren Händen kommst, verstanden? Du kannst jetzt wieder aufstehen und in die Zelle zurück."

Babak schwieg eine Weile, wie in einer anderen Welt versunken, und schaute an die Zellenwand. Die anderen schwiegen gleichfalls. Da glitt ein bitteres Lächeln über Babaks Gesicht, und er erzählte, sich mehrmals an die Stirn schlagend:

„Als ich in die fünfte Grundschulklasse ging, bestand eine Cousine von mir die Aufnahmeprüfung für ein Medizinstudium an der Universität. Damals kam die ganze Verwandtschaft zusammen, um dies zu feiern. Nun, von da an bis zum Abitur lernte ich wie ein Verrückter, so versessen war ich auf die Uni, auf ein Medizinstudium. Tag und Nacht habe ich gebüffelt. Und nun, statt auf der Hochschule, wo bin ich gelandet?" Darauf ein Mitgefangener: „Hat Ladschewardi, der Gefängnisdirektor, nicht gesagt, daß Ewin eine Hochschule ist, eine Hochschule des Islam? Du bist also doch auf der Uni gelandet!" Worauf Babak meinte: „Genau, Ewin ist eine Hochschule, die Verhörenden sind ihre Professoren, und an Testlabors, an Forschungsstellen und Untersuchungsgelegenheiten bietet sie alles, was das Herz begehrt. Bei Gott, schaut nur, was für eine Arbeit mir der Professor vorgeschlagen hat. Ich soll in die Zelle gehen und beobachten, wer mir wem zusammen ißt, geht oder redet und worüber sie reden, wer „dabei bleibt" und wer nicht ..."

Die Zornesröte war in sein Gesicht gestiegen, er regte sich so sehr auf, daß einige Gefangene versuchten, ihn wieder zu beruhigen: „Babak, aber du hattest ja keine politischen Aktivitäten, mach dir keine Sorgen, jetzt ist dein Fall in Gang gekommen und du wirst freigelassen." Der Tag verging, und Babak wurde wieder ganz der alte. Eine Woche verstrich, aber Babak wurde nicht zum Verhör gerufen, sehr zu seiner Freude. Doch nach drei Wochen riefen sie ihn wieder und brachten ihn nun fast täglich zum Verhör. Wenn er davon zurückkam, war er meist aufgeregt und wütend, aber nach ein paar Stunden schien er alles wieder vergessen zu haben und war in seiner normalen Verfassung. Der verhörende Beamte fragte ihn tagtäglich über die Zelle aus, aber Babak erwiderte stets, daß er nichts wisse. Die Gefangenen waren optimistisch. Sie waren überzeugt, daß der Verhörende nur noch sein letztes Spielchen mit Babak trieb. Wenn Babak richtig spielte und keinen Fehler beging, käme er sicher frei; denn er war ja nicht politisch aktiv gewesen.

Einmal wurde eine größere Zahl von uns zum Verhör geholt, die nachmittags alle wieder zurückkamen – außer Babak. Fünf Tage war von ihm nichts zu hören; einige waren der Ansicht, er sei freigelassen worden, andere, daß sein Fall eine Wende zum Schlechteren genommen habe. Am sechsten Tag brachten sie ihn. Er sah übel zugerichtet aus, als er die Zelle betrat. Hilfsbereit sprangen die Gefangenen auf, breiteten für ihn eine Decke aus, und als er sich hingelegt hatte, gab ihm einer einige Datteln, ein anderer ein paar Pistazien, die er in seinem Beutel aufbewahrt hatte, um sie seiner kleinen Tochter bei ihrem Besuch zu schenken. Als unsere Zelle abends ins Bad durfte, gingen alle zusammen, auch Babak nahmen wir mit. Als er sich auszog, bemerkten wir, daß sein Hemd und seine Unterwäsche blutig war. Sein Rücken war angeschwollen und aufgeplatzt, ebenso die von zahlreichen Wunden und blauen Flecken übersäten Beine. Einige meinten, eine Dusche mit warmem Wasser sei das beste für Babak; so könne man ihm das Blut abwaschen und ihn außerdem unter dem warmen Wasserstrahl massieren; das würde ihm sicherlich gut tun. Andere waren dagegen, weil sie meinten, daß Wasser in die Wunden käme und sie zum Eitern brächte. Schließlich einigten sie sich darauf, seinen Kopf und den Hals gründlich zu waschen und auch das eingetrocknete Blut vom Rücken und den Beinen abzuschrubben, aber so, daß kein Wasser in die Wunden floß. Nach dem Bad zog sich Babak frische Kleider an und fühlte sich schon etwas besser. Die Mitgefangenen schlugen vor, daß er möglichst viel gehen solle, damit die Schwellungen und blauen Flecken schneller weggingen und an den Fußsohlen keine Blutergüsse blieben. Einige Tage lang nahmen sie Babak unter ihre Fittiche, und so ging es ihm ganz allmählich wieder besser. Eines Tages führte er uns mit vorheriger Beschreibung der Szene ein Schauspiel vor, und wir erfuhren, wie er so zugerichtet worden war.

Babak begann so: „An dem Tag, als ich zum Verhör ging und nicht mehr zurückkam, hatte sich folgendes abgespielt: Erst trat ich ins Verhörzimmer.

Der Beamte sagte, ich solle meine Augenbinde abnehmen und mich auf den Stuhl setzen. Das tat ich auch. Darauf ging der Verhörende hinaus und machte die Tür zu. Im Zimmer standen einige Stühle mit Armlehne. Auf dem Boden konnte man eingetrocknete Blutflecken sehen. Der Tisch und der Stuhl des Verhörenden standen mir gegenüber an der Wand. Auf dem Tisch lag ein über einen Meter langes, dickes Kabel, ein zweites war neben dem Tisch auf die Erde gefallen. Ein paar Kugelschreiber, etwas Papier und eine Akte lagen gleichfalls auf der Tischplatte. Die Wände des Verhörraums machten einen verdächtigen Eindruck, so als stünden dahinter welche, die einen beobachteten. Auf der Armlehne eines Stuhls lag ein Blatt Papier von der Sorte, wie sie auf dem Tisch des Verhörbeamten lagen, und ein Kuli. Auf dem Papier stand nichts, nur ein paar Blutstropfen waren darauf gefallen. Sie schienen noch frisch. Die Lehne des Stuhls, auf dem ich saß, war vollgekritzelt mit Parolen gegen das Regime und kurzen Sätzen. Als ich sie las, verschlug es mir die Sprache. Diejenigen, die diese Parolen geschrieben haben, haben ja wohl vor gar nichts Angst? dachte ich bei mir; selbst an der Wand stand Verschiedenes geschrieben, doch ich konnte es nicht lesen. Ich sann darüber nach, wie es möglich war, mitten im Verhörzimmer, an den Wänden und auf den Armlehnen solche Parolen zu schreiben, und wieso die Verhörbeamten diese Parolen nicht beseitigten. Wer sie wohl geschrieben hat? Und wann? In solcherlei Gedanken war ich versunken, als der Verhörende kam. Er war von mittlerer Größe, schien relativ schlank, und trug Leinenschuhe und einen Stoppelbart. Seine Stimme kannte ich schon lange, diesmal konnte ich auch sein Gesicht studieren. Ganz ruhig, ohne heftige Bewegungen oder Worte, sagte er mir, daß heute meine Verhandlung sei. In diesem Moment trat auch ein Wärter ein und hieß mich die Augenbinde anlegen. Ich gehorchte. Dann wurde ich aus dieser Abteilung ins Freie gebracht und mußte dem Wärter folgen, bis wir nach ein paar Minuten Fußweg in ein anderes Gebäude traten. Wir stiegen eine Treppe hinauf, dann mußte ich mich auf eine Bank setzen. Der Raum schien weitgehend leer, nur ab und zu kam jemand vorbei.

Ich freute mich riesig, daß meine Verhandlung nun stattfinden sollte. Hatte ich also den Verhörenden endlich zufriedengestellt und ihn überzeugt, daß ich nicht aktiv war, und er hat mich deshalb dem Gericht überstellt! Das Gericht würde sicher meine Freilassung verfügen. Ich hatte schon die Gesichter meiner Eltern, Angehörigen und Bekannten vor Augen, ich spürte schon, gleich würde ich heimgehen, es war fast, als wäre ich schon zu Hause. Unsere Wohnung war voll von Verwandten und Freunden, alle hatten Blumensträuße mitgebracht, alles lachte und freute sich, mich zu sehen. Meine Eltern bewirteten die Gäste mit Tee und Obst, die Kinder spielten im Hof, und gerade kamen weitere Verwandte herein. Wie schön vergingen diese paar Minuten, während derer ich in diesen Gedanken und Vorstellungen versunken war. Doch dann kam der Wärter und führte mich in ein Zimmer, wo ich mich auf einen Stuhl setzen mußte. Eine Stimme sagte: „Nimm die Augenbinde ab!" Das tat ich auch. Allmählich nahm ich den Raum wahr. Mir gegenüber stand ein riesengroßer Tisch, dahinter saß auf einem Drehstuhl ein relativ junger Geistlicher im weißen Turban. Der Tisch war ganz bedeckt mit Papieren und Akten, auch ein Telefon stand darauf, und links von ihm war ein großes Regal, ebenfalls voller Akten. Die Tür ging auf, und ein beleibter Wärter mit langem Bart trat ein, um sich rechts von mir hinzusetzen. Der Wärter, der mich gebracht hatte, ging hinaus. Nach einer Weile sagte der Geistliche:

„Das Gericht findet hier statt. Du brauchst überhaupt keine Angst zu haben. Sag ruhig die ganze Wahrheit, und du kannst sicher sein, daß du noch heute freigelassen wirst." Babak fuhr fort in seiner Schilderung: Geistlicher: „Mit welcher konterrevolutionären Bande hattest du Kontakt?" Babak: „Ich hatte mit gar keiner Gruppe Kontakt." Geistlicher: „Du weißt, welcher Lohn dem Lügner blüht?" Babak: „Ich habe nichts getan, was es zu erzählen gäbe." Geistlicher: „Wir haben eine Menge Beweise, daß du politisch aktiv warst und mit verschiedenen konterrevolutionären Banden in Kontakt standest. Wenn du die Wahrheit vor dem Islamischen Gericht gestehst, wirst du die Gnade des Gerichts erfahren. Wenn nicht, so gibt es einen Zeugen, und wenn er ausgesagt hat, wird deine Strafe noch erhöht." Babak: „Da ich nicht politisch aktiv war, kann auch keiner eine entsprechende Aussage machen." Der Geistliche wandte sich dem Wärter zu, der sich hingesetzt hatte, und fragte ihn, ob er den Zeugen kenne. Der Wärter bejahte, ja, er sitze draußen vor der Tür. Der Richter wandte sich mir zu und sagte: „Bis jetzt hast du die Wahrheit geleugnet. Sei doch nicht so starrsinnig und nimm endlich Vernunft an! Und wenn's nur kurz ist, sag endlich die Wahrheit." Ich schwur und beteuerte: „So glauben Sie's doch, ich war überhaupt nicht politisch aktiv!"

Der Richter wandte sich wieder dem Wärter zu und sagte: „Aus diesem Elenden wird kein Mensch mehr, bringen Sie den Zeugen!" Der Wärter ging, und einige Augenblicke später kehrte er mit meinem Verhörbeamten und einem Dritten zurück, der einen dichten Bart und Zivilkleidung trug und eine Gebetskette in der Hand hielt. Der Wärter setzte sich auf seinen Platz, aber für den Verhörbeamten und den Dritten gab es keinen Stuhl, auf den sie sich hätten setzen können. So blieben sie stehen, und die Verhandlung wurde fortgesetzt. Geistlicher (zum Verhörbeamten): „Bruder, haben Sie mit dem Zeugen gesprochen?" Verhörbeamter: „Der junge Zeuge ist ein gläubiger, frommer Mensch und hat mir alles gesagt und aufgeschrieben, was er weiß." Geistlicher (zum Zeugen): „Kennst du diesen Revolutionsfeind?" Zeuge: „Ich war mit ihm in der Abitursklasse." Da schaute ich mir sein Gesicht gründlich an. Mit seinem dichten Vollbart und dieser Kleidung erkannte ich ihn erst jetzt wieder. Er hatte die Wahrheit gesagt, wir waren tatsächlich zusammen in der zwölften Klasse gewesen. Er war damals Mitglied des Islamischen Vereins an der

Schule, manchmal kam er bewaffnet zum Unterricht. Er war in einem „Komitee" Hilfspolizist geworden, und einige Lehrer fürchteten sich vor ihm. Alles, was in der Klasse lief, gelangte stets irgendwie zu den Ohren des Direktors. Ständig hatte er mit den Mitschülern Streit. Gegen Schuljahresende kam er überhaupt nicht mehr. Es hieß, er sei an die Front gegangen. An den Abiturprüfungen nahm er jedoch wieder teil. Wie er sie bestehen konnte, war mir schleierhaft. Erst später erfuhr ich, daß er bei den kasernierten Pasdaran in den Dienst getreten und eine entsprechende Stellung gefunden hatte. Seit jenen Abschlußprüfungen hatte ich ihn nicht mehr gesehen. Er hatte sich sehr verändert. Geistlicher: „Na, elender Lügner, kennst du den Zeugen?" Babak: „Ich war nur in der zwölften Klasse mit ihm zusammen." Geistlicher (zum Zeugen gewandt): „Berichten Sie bitte kurz, was Sie über die konterrevolutionären Aktivitäten dieses verkommenen Kerls hier wissen." Zeuge: „Erstens hat er an den Schulfeiern überhaupt nicht teilgenommen oder wenn, dann hat er nie richtig mitgemacht, keine Parolen gerufen und mit den Umstehenden Witze gerissen. Zweitens hatte der Vorstand des Islamischen Vereins ihn mehrmals aufgefordert, sich als Freiwilliger an die Front zu melden, aber er hat es abgelehnt und andere auch noch von dem Vorsatz abgebracht, sich als Freiwillige zu melden. Und das Wichtigste von allem: Er war ständig mit Moradi zusammen und hat sich mit ihm unterhalten, wo dieser Moradi doch der Anführer einer konterrevolutionären Gruppe an der Schule war." Geistlicher: „Und wo ist Moradi jetzt?" Verhörbeamter: „Dieser Dreckskerl hier hat ihm zur Flucht verholfen." Babak: „Bei Ali, ich schwöre, daß ich Moradi seit der Abschlußprüfung der zwölften Klasse nicht ein einziges Mal gesehen habe." Zeuge: „Du lügst. Moradi hat an der Schule nie etwas getan, ohne sich vorher mit dir zu beraten." Verhörbeamter: „Zwei Jahre schon gibst du nur Lügen von dir. Merk dir eins, das hier ist ein Gericht, da nützt das Lügen nichts mehr." Zeuge: „Schade um die Zeit. So einen Revolutionsfeind solltet ihr besser hinrichten, damit er möglichst bald bei seinen Freunden in der Hölle landet." Geistlicher: „Vorläufig verurteile ich dich zu achtzig Peitschenhieben, auf einmal und hier auf der Stelle zu vollstrecken." Der Wärter auf dem Stuhl bat: „Bitte, erlauben Sie mir, ihm die meisten Schläge geben zu dürfen." Geistlicher: „Geben Sie ihm vierzig Hiebe auf die Fußsohlen und vierzig auf den Rücken." Darauf mußte ich mich auf den Bauch legen, einer setzte sich mir in den Nacken, einer auf die Beine, und einer begann mit dem Auspeitschen. Der Geistliche zählte die Schläge. Der Schmerz zerriß mich fast. Ich schrie, so lang ich konnte. Die vierzig Schläge auf den Rücken waren vorbei. Nun banden sie meine Füße an einen Stock. Das eine Ende des Stocks hielt der Zeuge, das andere der Geistliche. Der Verhörbeamte setzte sich auf meine Brust, und der Wärter begann, auf meine Fußsohlen zu schlagen. Damit ich nicht schreien konnte, nahm der Verhörbeamte die Robe des Geistlichen, warf sie mir übers Gesicht und hielt mir auf meiner Brust sitzend mit beiden

Händen den Mund zu. Mein letztes Stündchen schien gekommen zu sein. Ich konnte kaum noch atmen.

Die Strafe war beendet, die offizielle Gerichtsverhandlung ebenfalls. Ich wurde in eine Einzelzelle gebracht. Nachts Einzelhaft, tags Verhöre. Die, die politisch aktiv waren, die haben ja wenigstens was zu schreiben und zu sagen. Aber ich Pechvogel habe nichts, was ich dem Verhörenden sagen oder aufschreiben könnte. So sagte der Beamte schließlich zu mir: „Da du selbst mit Auspeitschen kein Mensch wirst, kannst du jetzt gehen. Wenn du zur Vernunft gekommen bist, rufe ich dich in einem Jahr wieder."

Als Babaks Erzählung hier angekommen war, versank er in Schweigen und starrte die Wand an. Auch die anderen starrten unwillkürlich dorthin, als gäbe es da irgend etwas Fesselndes zu sehen.

Ein paar Wochen später war wieder Besuchstag. Als Babak vom Besuch zurückkam, berichtete er, daß seine Mutter nicht mit zum Besuch gekommen sei, weil sie schwer krank sei. Sein Vater erzählte, er habe keine Hoffnung, daß Babaks Mutter die Krankheit überleben werde. Darauf habe sein Vater mit allen Mitteln versucht, wobei er auch da und dort mit Geld nachhalf, für Babak die Erlaubnis zu erwirken, daß er seine Mutter – und sei es auch nur für eine Stunde – im Krankenhaus besuchen dürfe. Die entscheidenden Stellen im Gefängnis hatten es zwar versprochen, aber sicher war nichts. Als Babak diese Neuigkeit erzählte, war es Montag. Am Freitag gegen Mittag wurde er aufgerufen und abgeholt. Es hieß, daß er zu seiner Mutter gebracht werde. Der Freitag ging zu Ende, aber Babak kam nicht zurück. Er kam überhaupt nicht mehr zurück. Sein Beutel war noch immer in der Zelle, und seine Worte und Taten kreisten im Mund der Gefangenen. Später, als die Abteilung zur Gemeinschaftsabteilung wurde und die Zellentüren zum Flur offen blieben, erfuhren wir, daß Babak von zwei Wärtern abgeholt und tatsächlich zu seiner Mutter ins Krankenhaus gebracht worden war. Während die beiden Wärter vor dem Krankenzimmer warteten und Babak drinnen bei seiner Mutter war, nützte er den günstigen Moment, sprang aus dem Fenster und floh.